MON CAHIER SELF-LOVE

— HÉLOÏSE HOUDARD —

ILLUSTRATIONS
GUENIÈVRE SURYOUS (INTÉRIEUR)
ET ISABELLE MAROGER ((OUVERTURE)

W0210992

SOLAR EDITIONS

INTRODUCTION

Ah l'Amour ! Le grand, le vrai, celui avec un grand A ! Nous en entendons parler depuis notre plus tendre enfance. Le Saint-Graal que nous rêvons toutes de trouver… Et s'il n'y avait rien à chercher ? Et si le grand amour était présent constamment à l'intérieur et autour de nous et s'il souhaitait simplement s'exprimer ? Le concept de « Self-Love » ou de « l'amour de soi » a gagné en popularité ces dernières années. C'en est fini de faire passer le bien-être des autres avant le sien : devenir sa priorité est maintenant le summum du développement personnel. Et pour cause : la plus belle histoire d'amour, c'est avec vous que vous allez la vivre ! Dans cette aventure, le personnage principal, c'est vous ! Un hommage à la personne que vous êtes, parfaitement imparfaite ! *Mon cahier Self-Love* est conçu comme un parcours initiatique qui va vous permettre d'aller à la rencontre de vous-même et de vous aimer pleinement. Comment ? À travers des explorations intimes corporelles, des coachings pour embrasser vos ombres et vos lumières ainsi que des rituels pour célébrer les petits et grands moments de votre vie.

Devenez reine et souveraine de votre corps, apprenez à reconnaître et à utiliser vos valeurs et lâchez vos croyances limitantes en les transcendant ! Au fil des pages, on vous emmène au plus profond de votre histoire personnelle pour retrouver les clés de votre cœur et qu'enfin vous puissiez vivre la vie de vos rêves en toute sérénité. Le must : vous allez découvrir en chemin comment prendre soin du féminin en vous avec des bains de vapeur, vous participerez à une cérémonie sacrée du cacao, explorerez l'« ecstatic dance » et élaborerez un mind mapping connecté à votre biologie intérieure.

Il est temps de faire alliance avec vous-même et d'apprendre à vous dire je t'aime. Écoutez votre petite voix intérieure qui rêve d'une vie plus épanouissante et alignée avec vos désirs. Un outil indispensable pour la vie fun, épanouie et libre que vous méritez. Alors, prête à emprunter un chemin pavé d'amour ?

« S'aimer est le début d'une histoire d'amour qui durera toute une vie. »
Oscar Wilde

TEST

QUELLE AMOUREUSE SUIS-JE ?

Pour vivre une vie épanouissante et pétillante, vous avez besoin de remplir votre réservoir d'amour. Chacune utilise un langage d'amour différent pour aimer et se sentir aimée. Découvrir comment se manifeste le Self-Love chez vous va vous permettre de consolider votre identité, d'identifier vos blocages et de vivre la vie de vos rêves. Alors, quelle amoureuse êtes-vous ? Une amoureuse plutôt fougueuse et tête en l'air, sans limite, ou une lover fière qui maîtrise tout dans sa vie au risque de se couper de ses émotions ? Faites le test !

Dans une conversation avec des ami(e)s...

○ Je suis celle qui initie et relance les conversations.

△ J'observe les gens et passe un bon moment en retrait.

□ Je vais à droite, à gauche et parle avec tout le monde.

Lorsqu'on me fait un compliment...

○ Je souris poliment mais n'y crois pas vraiment.

□ J'adore les compliments, ça flatte mon ego.

△ Je deviens rouge comme une tomate et j'ai envie de disparaître.

Quand je suis malade...

△ Je me sens coupable de ne pas pouvoir travailler.

○ Je ne suis jamais malade !

□ Je râle et me transforme en Calimero.

Est-ce que je me fais souvent des cadeaux ?

△ Je préfère mille fois offrir des cadeaux plutôt que de m'en faire.

□ Quand je n'ai pas trop le moral, j'achète plein de choses sur Internet.

○ C'est bizarre de se faire des cadeaux : je préfère qu'on me les offre !

Est-ce que j'ai de l'humour ?

○ Il paraît que je n'ai pas d'humour, mais je ne suis pas d'accord avec ça : j'ai un humour très spécial !

□ Je suis miss maladroite ; je fais rire à mes dépens et ça m'embête !

△ Je ne sais pas si j'ai de l'humour, mais je suis très bon public et ris à toutes les blagues !

Devant mon miroir...

○ Je me scrute à la loupe et ne vois que mes défauts.

△ Je n'ai pas de miroir (en tout cas, je ne m'y regarde jamais).

□ Un jour je m'aime, un jour je ne m'aime pas...

Mon patron me fait des reproches devant tout le monde, comment est-ce que je réagis ?

- △ J'essaie de me justifier et je ne me laisse pas faire.
- ○ J'encaisse les reproches, tête baissée, sans rien dire.
- □ Je coupe la conversation en prétextant un autre rendez-vous et m'enfuis pleurer aux toilettes.

Enfant, j'étais comment ?

- ○ Sage comme une image, tellement discrète qu'on se demandait si j'étais là.
- □ Cascadeuse hyperactive, la maison était un champ de bataille.
- △ Toujours fourrée avec les grands, je me prenais déjà pour une adulte.

À quel moment suis-je la plus efficace ?

- □ Lorsque je fais tout à ma sauce, sans pression, en contournant parfois les règles.
- ○ Sous la pression, les deadlines, les défis.
- △ Quand je travaille pour les autres plutôt que pour moi-même.

J'ai perdu les clés de chez moi…

- △ Impossible ! Mes clés sont toujours rangées à la même place.
- □ Ça m'arrive tout le temps ! Je perds tout !
- ○ Qui a pris mes clés ? Je vais arriver en retard à ma réunion !

FAITES LES COMPTES !

□	△	○
2	5	2

Vous avez une majorité de □ : *Vous êtes une amoureuse spontanée. Partout où vous passez, ça déménage !*

Vous vivez une vie à cent à l'heure ! Passionnée, naturelle et attachante, vous ne connaissez pas la demi-mesure ! Votre spontanéité et votre audace vous honorent. Lorsque vous éprouvez des sentiments forts, vous ne cherchez pas à les faire taire. Malheureusement, vous rencontrez des difficultés à canaliser vos émotions et vous vous en remettez facilement aux autres pour garder la tête froide et prendre des décisions. À la fois curieuse, pétillante et tête en l'air avec un petit côté « drama queen », vous avez un cœur d'artichaut sans limite qui vous fait parfois perdre le contrôle et vivre des montagnes russes émotionnelles. En amour, vous n'avez pas toujours accordé votre confiance aux bonnes personnes, si bien que vous avez pu vous sentir blessée ou manipulée. Grâce à ce cahier vous allez apprendre à faire preuve de discernement, à créer des repères solides et à faire des choix en harmonie avec votre raison et surtout avec votre cœur !

Les rituels Self-Love faits pour vous : une séance d'ecstatic dance pour vous amuser et vous défouler (p. 40) et votre programme d'« exploration émotionnelle » pour vous aider à comprendre et à mieux vivre vos émotions (p. 56).

Vous avez une majorité de △ : *Vous êtes une amoureuse discrète et réservée, et ça, tout le monde l'a remarqué !*

Observatrice hors pair et sensible aux énergies, vous aimez occuper une petite place feutrée et dissimulée dans un coin de la pièce et arrivez en un coup d'œil à savoir à qui vous avez affaire. Face à une situation stressante, vos joues se retrouvent vite couleur coquelicot et vos yeux humides d'émotions. Vous donnez rarement votre avis, restez en retrait de peur de révéler ce qui vous tient à cœur ou de susciter des critiques. En amour, vous vous êtes adaptée à la vie de l'autre et souvent oubliée. Faire plaisir est votre seconde nature, et c'est tout à votre honneur sauf quand vous vous épuisez à la tâche. Il est temps de briser ce silence, de mettre votre générosité et votre empathie à votre propre service pour vivre la vie que vous méritez : grandiose et vibrante ! Vous trouverez dans ce cahier les outils pour utiliser votre vulnérabilité à bon escient et vous aimer pleinement.

➾ **Les rituels Self-Love faits pour vous :** une séance de yoni spa pour explorer votre rapport à la nudité et retrouver votre confiance en vous et en votre beauté intérieure (p. 42). Faites alliance avec vous-même et mettez en valeur vos meilleurs atouts avec « Mes vœux d'engagement » (p. 80) et « Mon objet d'union » (p. 82).

Vous avez une majorité de ○ : *Vous êtes une amoureuse perfectionniste, et rien ne vous échappe !*

Vous tenez les rênes de votre existence à la perfection. Fée de l'organisation, vous gérez votre carrière, votre famille et vos kilos comme une pro. C'est une jolie façon de prendre en main le cours de votre vie. Pour autant, vous laissez peu de place au lâcher-prise et aux ressentis. À tout contrôler ainsi, vous ne vivez pas vraiment et vous vous êtes coupée de votre cœur. Le lâcher-prise, vous avez dû en entendre parler, mais pour vous c'est un concept confus voire un peu hippie. En amour, vous laissez peu de chance à la relation de se révéler. Vous avez bâti des remparts tout autour de vous, vous empêchant de vous rencontrer et de laisser l'autre vous toucher. Et si vous lâchiez ce côté « control freak » qui vous limite ? Vous ouvrez ce cahier au bon moment de votre vie ! Faites-vous confiance et laissez-vous traverser par toutes les émotions qui vous conduiront vers la joie immense d'être vous, enfin !

➾ **Les rituels Self-Love faits pour vous :** une séance de réflexologie plantaire pour vous détendre profondément et entrer en communion avec votre être intérieur (p. 38). Apprenez à vous organiser en fonction de vos rythmes intérieurs en intégrant des vrais temps de pause et de médiation à votre routine avec le programme « Mon agenda féminin » (p. 73).

Chapitre 1

Hello, Self-Love !

Je m'aime… un peu, beaucoup, passionnément, à la folie ou pas du tout ? Le Self-Love est le sentiment que l'on se porte : celui de s'aimer ou de ne pas s'aimer. Nous vivons dans une société où l'« amouromètre » est en baisse. Pourtant, le Self-Love est universel, abondant et illimité : il y en a assez pour tout le monde lorsque l'on est prêt à le voir. Alors profitez-en : faites grimper le curseur !

Mes 3 voies sacrées

Pas toujours facile de voir l'amour à sa porte ! Nos existences sont souvent très stressantes et remplies d'une multitude de petites et grandes choses à gérer. Pour ce faire, nous avons mis en route le pilote automatique, dirigées par notre tête, et avons perdu les commandes de nos vies côté cœur. Pour retrouver le chemin vers soi et se sentir pleinement exister, je vous conseille d'emprunter les 3 voies sacrées !

Bien dans mon corps

Nous entretenons un rapport ambigu avec notre corps qui nous empêche de nous sentir bien avec lui. Cette relation n'est jamais neutre et rarement apaisée. Nous accusons notre corps de tous les maux et jouons avec lui le jeu de l'ignorance. Un jour nous nous connectons à lui puis, l'autre, il devient notre pire ennemi. Pourquoi ?

- **Nous suivons les injonctions de beauté matraquées par les médias et les réseaux sociaux.** Nous ne nous sentirons satisfaites de notre corps que le jour où « je serai plus belle, plus grande, plus mince, où ma peau sera plus lisse, etc. ».
- **Nous nous coupons de nos ressentis et mettons notre corps entre parenthèses**, pour éviter les sentiments de tristesse, de peur ou de colère. C'est une réaction – consciente ou inconsciente – que nous avons mise en place pour nous protéger.

Osez dire stop ! Arrêtez de répondre aux diktats de beauté et prenez le temps d'écouter les messages que vous envoie votre corps, pour être en mesure de lui apporter tous les soins qu'il réclame : repos, mouvement, nourriture saine, mais surtout le plein d'amour.

Tip pour vous reconnecter à votre corps

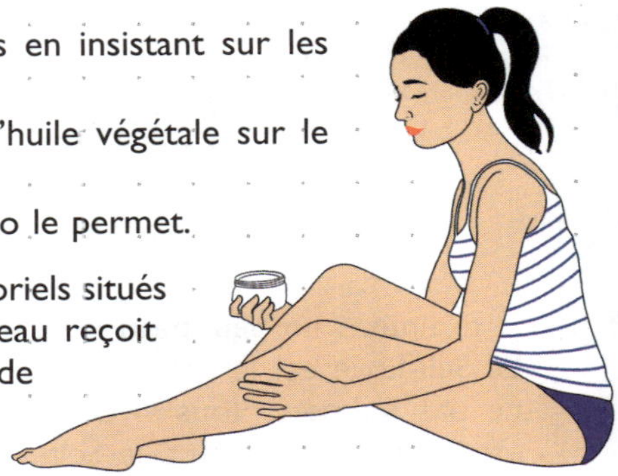

Avec vos poings fermés, tapotez doucement votre corps en insistant sur les bras, les jambes et le tronc :

- prenez le temps de vous mettre de la crème ou de l'huile végétale sur le corps après votre douche ;
- marchez pieds nus à la maison et dehors quand la météo le permet.

Ces trois gestes permettent de stimuler les récepteurs sensoriels situés sur la peau pour booster la circulation sanguine. Le cerveau reçoit un afflux d'oxygène et de sang et en échange transmet de l'énergie et fait vibrer toutes les cellules du corps. Idéal pour se redonner la pêche et se sentir pleine de vitalité.

Bien dans ma tête

On nous a appris à ignorer les signaux liés à la fatigue mentale, au stress, à l'anxiété, le manque de motivation et d'enthousiasme, notre incapacité à prendre parfois des décisions inspirées… Rarement dans le présent, nous vivons plutôt dans nos souvenirs ou sommes à la recherche d'un futur fantasmé. Pourquoi ? Fuir le présent est une solution que beaucoup d'entre nous ont trouvée pour mettre leur cerveau en veille et s'alléger d'un poids. Une parade pour diminuer la charge mentale, la liste sans fin des responsabilités familiales, qui logent dans le cerveau des femmes et prennent beaucoup trop de place.

Tip pour vous aérer l'esprit

- Mettez une alarme plusieurs fois par jour et fermez les yeux deux minutes dans le silence en respirant profondément.
- Stoppez les to-do lists et essayez plutôt la méthode de la liste inversée en notant tout ce que vous avez accompli dans votre journée.
- Abandonnez le multitasking et concentrez-vous sur une chose à la fois. Vous concentrer sur une seule action et revenir à votre respiration vont vous aider à dissiper les brumes mentales qui vous rendent confuse et vous empêchent parfois d'avancer. Comment ? En vous reconnectant au moment présent : vous lâchez la pression liée aux événements passés et l'organisation des projets futurs.

Bien dans ma vie

Être bien dans sa tête et ses baskets c'est bien : vivre la vie que l'on souhaite c'est encore mieux ! Se considérer comme sa propre alliée est le point de départ pour retrouver son élan

créatif et interagir avec les autres avec compassion. L'objectif : être bienveillante avec vous-même et vous donner du soutien, plutôt qu'essayer de ressembler à quelqu'un d'autre et vous fondre dans la masse.

Tip pour vous sentir peace & love

Le concept peut paraître un peu bisounours, mais il a fait ses preuves : dans les petits moments de tristesse rien ne vaut un gros câlin à vous-même en vous entourant de vos bras pendant quelques minutes.
Côté pro, pratiquez la procrastination positive et organisez des temps de « glandouille décomplexée » pour ne rien faire et recharger vos batteries ! Établissez des horaires de travail et tenez-les sans en faire trop : bye-bye les heures sup', vive les moments précieux que vous pouvez consacrer à votre bien-être !

Mes outils Self-Love

Vive les rituels !

Un rituel est un acte symbolique de présence à soi que l'on pratique en posant une intention particulière. Il est utilisé dans toutes les cultures comme un moyen de relier le cœur, le mental et le corps, comme une pratique de recueillement, de purification et d'apaisement. L'une des fonctions du rituel est d'accueillir et d'ancrer en conscience les petits et grands changements de notre vie et de célébrer ses passages. C'est un moment que l'on s'offre pour « être » et « revenir à soi ». Il peut être réalisé n'importe quand, au bon moment pour vous ou lors de dates sacrées comme une date anniversaire, un changement de saison (solstice ou équinoxe) ou encore une pleine lune.
On vous propose dans ce cahier une série de rituels à pratiquer chez vous ou dans la nature pour vous accompagner dans la découverte de votre Self-Love et faire grandir l'amour en vous !

Une thérapie par le journaling

C'est une pratique d'écriture thérapeutique pour mieux se connaître, clarifier ses pensées et développer sa créativité. Il s'agit d'un outil bien-être dénué de tout jugement : d'un lieu d'échange intime avec soi par le biais d'une écriture libre, intuitive ou d'exercices choisis.

De quoi s'agit-il ?

Tout simplement de coucher sur le papier les pensées, réflexions, peurs, joies, frustrations, petits et grands bonheurs afin de permettre au cerveau de s'aérer et d'évacuer les surcharges émotionnelles et informationnelles qu'il a reçues au cours de la journée.

Avis aux insomniaques, le journaling permettrait aussi d'améliorer la qualité du sommeil !

Vous trouverez au fur et à mesure de la lecture de votre *Cahier Self-Love* diverses propositions de journaling pour booster votre confiance et votre estime de vous et oser vivre vos rêves. Exemples : la lettre de pardon à votre cœur, vos vœux d'engagement (p. 80) et la visualisation de votre vie future (voir p. 88).

L'oracle Self-Love

L'oracle Self-Love est un outil de développement personnel pour célébrer toutes les composantes de votre personnalité. Un jeu de 24 cartes pour vous reconnecter à vous, vous redonner de la confiance et vivre l'instant présent.

L'oracle Self-Love est là pour vous apporter des messages d'amour, de la gratitude et vous aider à vous reconnecter à votre sagesse intérieure. Il éclaircit les pensées avec bienveillance et vous guide grâce ses messages sous la forme d'affirmations positives.

Comment s'utilise-t-il ?

Découpez les 24 cartes. Avant d'effectuer votre tirage, créez un safe space, un espace sacré, un lieu ressource où vous vous sentez à l'aise, en sécurité et où vous ne serez pas dérangée (voir p. 78).

Fermez les yeux, prenez le paquet de cartes dans vos mains et respirez profondément plusieurs fois. Battez les cartes plus ou moins longtemps, au feeling, tout en posant une question claire, formulée au présent. Par exemple : Quelle est ma priorité en ce moment ? Comment avancer dans mon projet ? Quel est le message de l'oracle Self-Love pour moi aujourd'hui ?

3 idées de tirage

Le Love Shot : tirage à une carte pour un shoot d'amour qui booste mes journées ou apaise mes pensées agitées.

Le Yin Yang : tirage à deux cartes. Je tire une carte et la pose sur la table à gauche : elle décrit ce qui me bloque. Je tire la seconde carte et la pose à droite : elle représente ce vers quoi je peux me diriger pour fluidifier une situation.

Le Call Triangle : tirage à trois cartes lorsque je dois choisir entre deux situations. La carte que je tire en premier et que je pose à la base du triangle, à gauche, représente les enjeux de la première situation ; la carte posée à droite, ceux de la seconde ; et la dernière carte, posée à la pointe du triangle, représente la solution.

The Self-Love flower

Décortiquons ensemble les ingrédients magiques qui font du Self-Love la clé pour assainir la relation à soi et s'aimer telles que nous sommes.
Imaginez le Self-Love comme une fleur délicate, magnifique, à apprivoiser et à entretenir. Chacun de ses pétales détient un secret, découvrez lequel !

Les 5 pétales de la fleur Self-Love

En chérissant toutes ces étapes, vous épousez l'instant présent et laissez l'amour grandir en vous et tout autour de vous.

Le pétale Self-Exploration

L'exploration de soi est la première étape pour apprendre à mieux se connaître et pour discerner ce que vous aimez sans être influencée par les idées de quelqu'un d'autre. Cette étape encourage à vivre les expériences que la vie vous propose afin de trouver petit à petit des réponses à la fameuse question « qui suis-je ? ».

Les rituels pour une exploration de soi : le rituel « Fragrance sauvage » pour explorer vos ressentis et être à l'écoute de vos sens afin de mieux vous connaître (p. 22), ajouté à l'exercice « Une journée pour écouter son intuition » pour être attentive à tous les signes intérieurs et extérieurs que vous percevez et les utiliser dans votre vie, avec confiance et sérénité (p. 86).

Le pétale Self-Esteem

L'estime de soi est une pensée, une appréciation ou un jugement qu'une personne porte sur elle-même. Elle résulte de l'importance qu'on lui a accordée, du respect de ses valeurs et de ses expériences vécues dans le passé. Lorsqu'elles sont positives, celles-ci favorisent un regard bienveillant sur soi-même, et inversement. Plus vous vous sentirez importante, plus votre estime grandira.

Les rituels pour rebooster l'estime de soi : le rituel « Reconnexion à mon enfant intérieur », une pratique de visualisation pour tendre les bras à l'enfant blessé que vous étiez, l'écouter et lui rappeler qu'il est précieux (p. 62), ajouté à un exercice de journaling pour prendre conscience de vos valeurs, donner du sens à ce que vous faites et trouver votre voie (p. 46).

Le pétale Self-Confidence

La confiance en soi est le sentiment de se sentir à la hauteur et à sa place, capable de faire face à toutes les situations avec sérénité. C'est grâce à cela que vous agissez et osez prendre des risques pour aller de l'avant.

Les rituels pour développer la confiance en soi : le rituel « Miroir de l'audace » pour vous regarder en face et prendre de l'assurance (p. 68) complété par un exercice pour élaborer sa « reverse bucket list » et constater avec une grande satisfaction toutes les choses que vous avez accomplies ces dernières années (p. 58) !

Le pétale Self-Growth

L'affirmation de soi est l'étape où l'on est capable de communiquer ses besoins et de poser des limites claires pour soi et autrui. Vous constatez que les mouvements effectués en direction des autres sont riches d'enseignement et vous permettent de prendre votre place avec bienveillance dans le monde.

Les rituels pour s'affirmer : le rituel « Libération des blessures » (p. 61) pour vous délester du passé trop lourd et vous sentir plus légère, et l'exercice de « la lettre de pardon à mon cœur » (p. 66) pour vous libérer et être en paix.

Le pétale Self-Care

Le soin à soi est essentiel pour veiller sur sa santé physique, mentale, émotionnelle et spirituelle. Prendre soin de vous, vous permet de vivre dans l'instant présent, d'agir par petits pas et de conserver votre capacité à vous étonner, à vous émerveiller et à rêver sur le chemin sans cesse changeant de la vie !

Les rituels pour prendre soin de soi : le rituel « Ma cérémonie de cacao » (p. 23) pour ouvrir votre chakra du cœur, et une activité de « l'escargot de mon bien-être » (p. 54) pour une journée Self-Love, seule avec vous-même, pour vous chouchouter enfin !

Ce que le Self-Love n'est pas...

Eh oui, car le concept de l'amour de soi n'a pas toujours bonne presse, il est parfois connoté négativement, à tort !

Ce n'est pas un acte selfish

L'amour de soi est maladroitement associé à l'égoïsme. Beaucoup d'entre nous n'osent pas faire d'elles une priorité, de peur de passer pour des personnes nombrilistes ou égocentriques. Et pourtant, nous connaissons toutes cette règle : « En cas de dépressurisation à bord d'un avion, il faut mettre son masque à oxygène avant celui de son enfant ou celui d'une personne en difficulté. » Pour rendre service à l'autre et être apte à partager, échanger, secourir, aider, il faut d'abord avoir pris soin de soi et avoir rempli son réservoir d'amour.

Ce n'est pas un privilège

L'amour de soi n'est pas réservé aux personnes qui ont un max de temps libre pour s'occuper d'elles-mêmes, ni réservé aux personnes avec un haut statut social. Le Self-Love n'est pas un privilège. Peu importe votre classe sociale, votre compte en banque, votre emploi du temps, vos convictions, votre mode de vie : l'égalité règne en matière d'amour.

Ce n'est pas une récompense à l'effort

L'amour ne se mérite pas ! Il n'est pas la carotte distribuée contre l'effort réalisé ou le succès remporté. Il n'y a rien à gagner, l'amour est là, tout simplement. Il n'y a qu'à se servir. Il n'existe pas une personne plus méritante qu'une autre face à l'amour. Peu importent les échecs, les erreurs, les regrets, l'amour est un droit de naissance universel auquel nous avons toutes accès.

Ce n'est pas une sélection naturelle

L'amour de soi n'est pas un gène dont nous disposons ou non à la naissance dans notre ADN. Il ne s'agit pas d'une loterie génétique avec tirage au sort. L'amour est sans limite pour tous les êtres vivants.

Quelle est ma propre définition du Self-Love ?

Maintenant que vous avez une meilleure compréhension de ce qu'est et de ce que n'est pas le Self-Love : notez votre propre définition…

....

....

....

....

....

....

....

....

....

Pourquoi suis-je une femme en manque d'amour ?

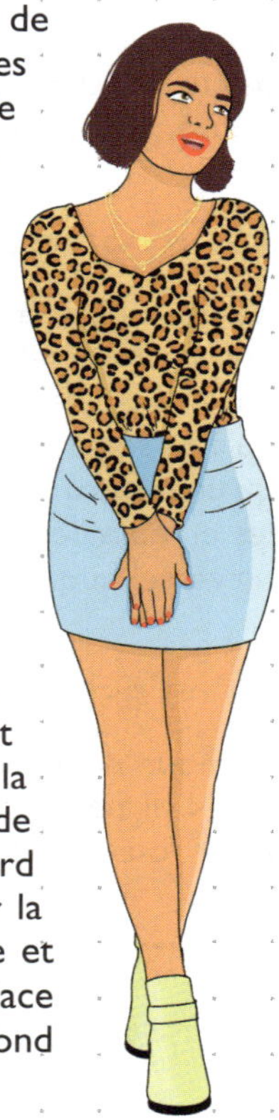

Chacune de nous a un jour éprouvé le sentiment d'être mal aimée et de manquer d'affection. Une collègue qui ne nous a pas dit bonjour, des messes basses et des commentaires négatifs dans notre dos, un crush qui ne rappelle pas… Il existe très souvent un écart immense entre notre aspiration à être aimée et l'amour que nous recevons. Le manque d'amour a pris racine dans notre enfance où nos besoins affectifs n'ont pas pu ou pas toujours été totalement comblés. Il s'est intensifié dans la société de l'immédiateté et du « toujours plus » dans laquelle nous évoluons.

Le manque d'amour, ma carence affective

Si nous comparons la vie de nos grands-mères à la nôtre, nous pouvons voir combien l'archétype de la femme nourricière a été supplanté par celui de la femme guerrière, amazone. Une femme active qui gère tout, sa carrière, ses déplacements pro, ses réunions à rallonge et sa vie sociale hyperactive… Une femme qui fait ses courses au rayon bio, qui surveille ce qu'elle mange et nourrit son entourage de petits plats faits maison et de communication non violente. Une femme qui repousse les limites de la vieillesse, toujours plus sexy et attentionnée pour son partenaire. Revers de la médaille, cette femme au top… est terriblement fatiguée, voire au bord du burn-out de s'être tant coupée d'elle-même ! À force de trop tirer sur la corde pour satisfaire tout le monde excepté elle-même, la perte d'énergie et le manque de reconnaissance et de soutien se font ressentir pour laisser place aux carences affectives et au manque d'amour : le Self-Love est rangé au fond du dernier tiroir.

Qu'est-ce qui m'empêche de m'aimer ?

Ah, ces petites phrases qui ont bercé notre enfance ! Vous les avez sans doute entendues…

« Tu traînes trop, dépêche-toi, on va être en retard à l'école », « sois gentille, fais moins de bruit quand tu joues », « une grande fille comme toi ne pleure pas », « pas mal mais tu peux mieux faire ! », « l'important ce n'est pas de participer, c'est de gagner ! »

De manière consciente ou inconsciente, les personnes qui vous ont élevées, vous ont envoyé des messages qui ont influencé votre manière de penser et de réagir. Il s'agit d'injonctions parentales que vous avez intériorisées et qui ont des conséquences sur le regard et l'amour que vous vous portez et que vous portez sur la vie. Le psychologue Taibi Kahler nomme ces comportements les « drivers ».

Que sont les drivers, ces injonctions parentales limitantes ?

Durant votre enfance, pour obtenir l'attention des adultes référents, vous avez analysé leurs attentes et développé des comportements subtils de communication. À la suite de la répétition de messages émis par vos parents, vous avez adopté des attitudes pour préserver votre sécurité et vous intégrer à votre environnement.

Les 5 principaux drivers émis par les parents…

Sois parfaite !
Sois forte !
Fais des efforts !
Fais plaisir !
Dépêche-toi !

Le hic ? L'aspect négatif du driver réside dans les attentes et les réactions que vous pouvez avoir à l'âge adulte : l'attente que l'autre soit parfait, fort dans la vie et aux petits soins avec vous. Ou, à l'inverse, l'obligation pour vous de faire plaisir aux autres et d'être la meilleure en tout. Pour pouvoir communiquer de manière saine en respectant votre intégrité et celle de l'autre, il est utile de reconnaître vos comportements drivers et ceux de vos interlocuteurs.

LES DRIVERS QUE VOUS AVEZ ENTENDUS DURANT VOTRE ENFANCE	LE TYPE DE PERSONNALITÉ ASSOCIÉE	LES COMPORTEMENTS LIÉS
Sois parfaite !	Vous devez être impeccable, vous n'avez pas le droit à l'erreur, vous devez être parfaite !	Vous êtes perfectionniste et avez des difficultés pour déléguer. Vous êtes exigeante avec les autres, pouvez être critique et avez tendance à souligner ce qui ne va pas.
Sois forte !	Vous ne demandez jamais d'aide à personne.	Vous avez des difficultés à accepter la faiblesse. Vous ne supportez pas les gens dépendants, un brin Calimero. Pour vous, chacun doit être en mesure de se prendre en main sans demander aucune aide.
Fais des efforts !	Vous devez montrer que vous faites toujours de votre mieux.	Concevoir que les choses puissent se faire simplement sans se donner du mal pour y arriver est difficile pour vous. Vous vous épuisez à la tâche, râlez quand les autres ne font pas de leur mieux jusqu'à vous rendre malade.

Les drivers que vous avez entendus durant votre enfance	Le type de personnalité associée	Les comportements liés
Fais plaisir !	Vous devez être au service des autres.	Vous avez du mal à vous affirmer, à prendre position et à donner votre avis sur un sujet. Pour ne froisser personne, vous dites oui à tout le monde et, sans le vouloir, vous créez des situations où se mêlent quiproquos et conflits.
Dépêche-toi !	Vous devez gérer votre temps à la perfection.	Trop en avance ou constamment en retard : vous n'êtes jamais à l'heure. Reine de la procrastination et de la dernière minute, vous êtes pressante pour votre entourage, distraite ou fuyante.

Je reconnais les injonctions qui ont fait partie de mon enfance

Voilà un premier pas vers votre liberté et l'autorisation à aimer qui vous êtes ! Ainsi, dès le moment où vous identifiez vos drivers (en général il y en a un ou deux qui se détachent), vous pouvez comprendre votre façon de communiquer, prendre du recul par rapport à vos comportements et les transformer.

Je transforme les injonctions en pouvoir personnel et bienveillant envers moi !

Maintenant que vous connaissez vos drivers vous pouvez les utiliser à bon escient plutôt qu'être pilotées par eux…

« Sois parfaite » devient : « J'ai le droit à l'erreur et m'autorise à me tromper. »

« Sois forte » devient : « J'ai confiance en mes atouts et les utilise pour avancer dans la vie. »

« Fais des efforts » devient : « Je sais être efficace et organisée même dans l'urgence. »

« Fais plaisir » devient : « J'aide et soutiens les autres tout en sachant poser mes limites. »

« Dépêche-toi » devient : « Je respecte mon temps et celui des autres. »

L'impact de ce que je crois

Nous percevons la vie à travers le prisme de notre histoire, consciemment et inconsciemment, c'est ce que l'on appelle des croyances. Parfois nous portons des lunettes roses et parfois nous portons des lunettes noires. Ces filtres que nous mettons devant nos yeux viennent parasiter nos pensées. Ils nous empêchent de nous affirmer pleinement et réduisent la confiance et l'estime que nous avons pour nous-même.

Qu'est-ce que les croyances ?

Il s'agit de pensées dont nous avons l'intime conviction qu'elles sont vraies. Notre cerveau les a fabriquées à la suite d'influences diverses et variées : notre environnement, notre éducation, notre culture, nos relations… Elles nous servent de repères dans nos actes quotidiens, dans notre vision du monde et dans nos jugements sur nous-même et sur les autres.

Les croyances prennent dans notre esprit la forme de petites phrases ou de petites voix que nous nous répétons à longueur de journée. Une fois installées confortablement dans notre tête, ces pensées ont un impact sur l'estime que l'on se porte à soi-même, sur notre santé, nos relations et nos réussites professionnelles.

Le saviez-vous ? 95 % de nos pensées sont identiques à celles de la veille, et 80 % d'entre elles sont des croyances limitantes.

Le hic ? Ces certitudes irréelles et négatives font partie des freins quotidiens qui nous empêchent de nous aimer. Les croyances limitantes brouillent notre perception de la réalité, nous amènent à nous saboter et nous empêchent d'atteindre notre plein potentiel !

Quelles sont vos croyances limitantes ?

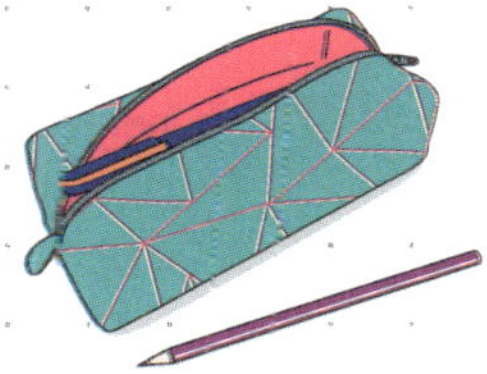

Cochez celles qui vous représentent…

- ☐ On ne peut pas tout avoir dans la vie.
- ☐ Je n'ai aucune mémoire.
- ☐ Il faut travailler dur pour réussir.
- ☐ Pour être aimée, je dois faire plaisir et donner aux autres.
- ☐ Le succès monte vite à la tête.
- ☐ Je n'ai pas le droit à l'erreur.
- ☐ Le bonheur n'est pas à la portée de tout le monde.
- ☐ Le temps, c'est de l'argent.
- ☐ C'est trop beau pour être vrai !
- ☐ Si tout va bien dans ma vie, il va forcément se produire quelque chose de mal.

- [ ] Je ne suis pas assez belle pour être aimée de cette personne.
- [ ] Je n'ai pas assez d'expérience pour poser ma candidature à cette offre d'emploi.
- [ ] À quoi bon demander une augmentation : elle me sera refusée.
- [ ] Il faut souffrir pour être belle.
- [ ] Je ne serai jamais riche.
- [ ] Je ne suis pas créative.
- [ ] Je suis comme je suis, c'est trop tard pour changer.
- [ ] Trop bonne, trop c*nne.
- [ ] Personne ne me prend en sérieux.
- [ ] Je peux toujours rêver, mais ça n'arrivera jamais.

Comment dissoudre mes croyances limitantes ?

Vous avez coché 3 propositions ? Vous avez entamé un travail de fond sur vous-même mais vous avez encore du mal à accomplir tout ce que vous souhaitez.
Le chapitre « Je crée la vie de mes rêves » (p. 73) va vous aider à surmonter vos croyances limitantes, à vous projeter dans l'avenir, à vous faire confiance et à développer votre foi en vous.

Vous avez coché 5 propositions ? Vous vous sentez prête à explorer votre passé, à vous rencontrer pour préciser les contours de votre personnalité et être alignée avec ce que vous souhaitez dans votre vie. Let's go !
Le chapitre « Miroir, mon beau miroir » (p. 44) est idéal pour enfin vous regarder en face et relâcher vos vieux démons, vos vieilles croyances… derrière se cachent de nouveaux potentiels !

Vous avez coché 7 propositions ? Vous vous êtes laissée de côté, et le regard des autres ainsi que les croyances qu'ils ont induites prennent trop de place dans votre vie. Vous avez envie de faire un pas vers vous et de relâcher le stress. Seulement par où commencer ?
Le chapitre « Je renoue avec mon corps de femme » (p. 22) est une étape clé pour recontacter votre essence féminine et vous détacher des pensées limitantes. En retrouvant le chemin du corps, votre esprit va s'alléger et faire de la place aux good vibes.

Vous avez coché 10 propositions ou plus ? Vos croyances limitantes prennent trop de place dans votre vie, une dose d'audace vous serait nécessaire pour avancer et vous retrouver.
Il vous est recommandé de suivre l'ordre chronologique des rituels et exercices de journaling de votre *Cahier Self-Love* pour enfin vous sentir libre de tous vos attachements et rayonner dans tous les aspects de votre être.

Comment l'amour peut transformer ma vie ?

Le chemin du Self-Love est certainement le meilleur outil de guérison et de transformation qui soit ! Oser s'aimer est une aventure de tous les jours, un voyage initiatique de tous les moments, une expérience au cœur de soi, porteuse de changements bénéfiques dans sa vie. C'est un outil précieux pour surmonter les épreuves du quotidien, relever des défis et se surpasser dans ce que l'on aime faire. La bonne nouvelle : oser l'amour de soi et le cultiver s'apprend !

Pourquoi avons-nous besoin d'amour ?

Bonjour la bonne humeur ! Pas de doute, l'amour rend heureux ; il n'y a qu'à voir le sourire béat qui s'affiche sur nos lèvres à l'évocation de l'être aimé. L'amour nous dynamise, nous rend euphorique, nous hisse sur un petit nuage et nourrit notre imaginaire… De l'état amoureux découlent des manifestations physiologiques et biochimiques excellentes pour notre santé et nécessaires à l'homéostasie du corps (notre équilibre intérieur). Le sentiment amoureux envers soi et les autres déclenche des sécrétions hormonales reconnues comme étant responsables de notre bien-être comme la sérotonine, la dopamine ou l'ocytocine. Elles ont un effet dopant sur le système immunitaire.
Renoncer à l'amour ou penser ne pas en être digne revient à vivre dans un état de stress et de restriction qui ne peut qu'entraîner un déséquilibre dans le corps et être à l'origine de maladies.

10 raisons de s'aimer

S'il n'existe pas de recette miracle pour vivre l'amour inconditionnellement, les bienfaits de celui-ci sont absolus sur tous les plans de l'être.

Pour être plus heureuse : la quête de l'amour de soi est incontournable pour vivre le bonheur dans l'instant présent. Il permet de se sentir bien dans sa tête et dans son corps avec une humeur stable.

Pour être en meilleure santé : l'amour de soi est bon pour l'organisme, il permet d'adopter une respiration plus calme, une posture redressée, permettant ainsi une meilleure circulation des liquides du corps. Grâce à la détente corporelle que procure l'état amoureux, le souffle et la circulation sont fluides et offrent une oxygénation homogène des organes, signe de bonne santé.

Pour être libre : l'amour de soi est peut-être la plus grande libération qui existe et qui répond au désir de liberté inhérent à la vie humaine. C'est l'autorisation que l'on attendait pour enfin disposer librement de sa personne et suivre son cœur.

Pour se sentir bien dans son corps : l'amour de soi offre l'opportunité de reprendre contact avec son corps et de l'aimer tel qu'il est, nu ou habillé, avec ses qualités et ses défauts.

Pour avoir des relations harmonieuses : en cultivant l'amour de soi, on attire à soi des relations stimulantes pour grandir, des relations saines et nourrissantes faites de moments de qualité et de partages bienveillants.

Pour faire face aux situations difficiles : avec le temps, la gestion des émotions devient plus facile et entraîne des réactions plus douces et mesurées face aux conflits, aux désaccords et aux aléas de la vie.

Pour avoir confiance en soi : l'amour de soi est un laisser-passer pour se lancer dans ses projets et obtenir la vie que l'on souhaite.

Pour poser ses limites : s'aimer, c'est apprendre à respecter son intégrité et celle des autres en affirmant ses choix et en verbalisant des vrais oui et des vrais non.

Pour guérir de ses blessures et de ses traumatismes : l'amour de soi permet de panser et de cicatriser les plaies, les failles de l'existence, pour repartir de plus belle.

Pour accepter les changements : l'amour de soi permet d'intégrer l'une des lois qui régissent notre monde, celle de l'impermanence des choses et du pouvoir de l'instant présent comme unique réalité.

Chapitre 2

Je renoue avec mon corps de femme

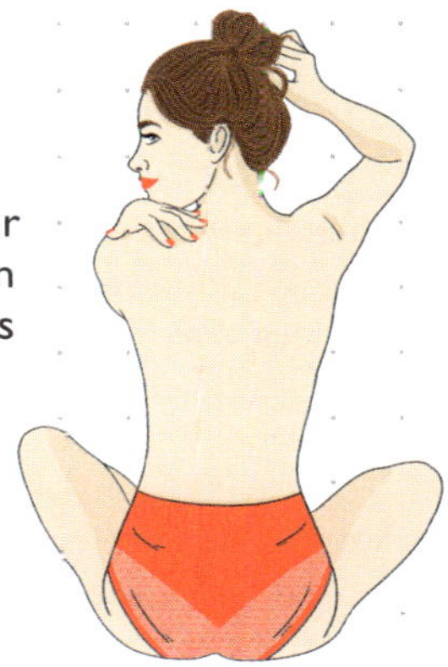

Notre corps est sacré ! Il est le chemin initiatique à emprunter pour nous reconnecter à notre essence et éprouver l'amour de soi. Entrer en intimité avec son corps et l'habiter pleinement sont des notions que nous avons oubliées et qui sont à contre-courant dans la société. Ras-le-bol, déprime, stress, burn-out, somatisation : nous nous sentons dépossédées de notre corps et coupées de nos ressentis pourtant indispensables à notre bien-être. Ce chapitre se propose de vous transmettre des connaissances essentielles sur votre corps pour renouer avec sa sagesse et cultiver une relation positive avec lui. Love your body !

My body positive

La relation à notre corps et nos complexes racontent toujours la même histoire : nous ne sommes jamais assez bien ou toujours un peu trop (grosse ou maigre, petite ou grande) ! Pourtant notre corps est unique en son genre. Le body positive est un courant né aux États-Unis en 1996 qui prône l'amour du corps « like it is » ! Un baume pour le cœur qui dit non au clivage corps/esprit. L'heure est à l'acceptation de soi sous toutes ses coutures… Oui, de vous ! Avec vos jolies courbes, votre sourire, vos imperfections et vos cicatrices. Inspirez-vous des vibes de ce mouvement et faites la paix avec votre corps !

Je fais la paix avec mon corps

Tout au long de la journée, votre corps s'exprime et envoie des messages. En cultivant une écoute attentive à ce qu'il vous dit, vous vous offrez une qualité de présence, vous prenez connaissance de vos besoins pour y répondre et vous faire du bien. Même si cela peut vous sembler inconfortable au départ, acceptez d'ouvrir le dialogue et entrez dans un monde de perceptions et de ressentis corporels…

La perception de mon corps

Lorsque l'on parle de notre corps, c'est souvent à la troisième personne du singulier, comme s'il ne nous appartenait pas. Notre amour pour lui correspond à la représentation que l'on a de son apparence ainsi que de ses performances. Beaucoup de personnes confondent « je ne m'aime pas parce que… » avec « je n'aime pas la forme de mon nez », « mes bras sont trop gros », « je ne suis pas assez douée en sport », « j'ai des problèmes de santé », etc. L'impression globale est souvent issue de détails, qui sont réducteurs, enfermants et nous empêchent de nous voir comme une personne merveilleuse. Nobody is perfect and that is perfection ! Finissons-en avec le body shaming ! Pour retrouver du plaisir et vous accepter telle que vous êtes, entrez dans le monde de vos sensations et de vos perceptions les plus fines.

Je renoue avec ma sensorialité

Une des particularités de votre corps est de disposer de son propre langage pour se mouvoir et trouver sa place dans le monde. Il perçoit la vie à travers ses 5 organes sensoriels.
Vos yeux convertissent la lumière en signaux lumineux.
Vos oreilles transforment les ondes en informations sonores.
Votre peau envoie des messages via ses récepteurs.
Votre nez interprète les substances chimiques présentes dans l'air.
Votre langue offre la gustation.
Pourtant, à l'ère du « tout image », il existe une hiérarchie sensorielle plus ou moins consciente. Certains de nos sens sont surstimulés comme la vue et l'ouïe tandis que les autres s'atrophient. Voici 3 rituels Self-Love pour rééquilibrer vos 5 sens et vous ouvrir au large spectre de vos ressentis corporels. Profitez-en !

Mon rituel « Fragrance sauvage »

Dans notre société, les odeurs corporelles sont calfeutrées sous des couches de déodorants et de parfums. Il est de coutume d'aller chez le parfumeur pour trouver son odeur madeleine, le flacon signature de sa personnalité. Et si votre odeur naturelle dévoilait votre essence et le beau chez vous ?

Le saviez-vous ? L'odorat est le premier sens développé par le fœtus dans le ventre de sa mère. Les bébés sont capables de reconnaître un tissu porté par leur mère rien qu'à son odeur.

Préparation

Rangez votre maison et mettez de côté crèmes, parfums, lessive, liquide vaisselle, etc. Préparez un petit espace tranquille où vous asseoir. Placez dans des coupelles un fruit, une fleur, des épices, un morceau de bois, un caillou et prenez un petit carnet pour noter vos ressentis. Prenez une douche sans utiliser de produit lavant : juste de l'eau et éventuellement un gant de toilette (la douche n'est pas obligatoire).

Les étapes

1. Installez-vous confortablement. Respirez profondément en faisant vibrer vos narines à la recherche des odeurs de votre maison.
2. Portez votre nez sur vos bras, vos aisselles, vos genoux… Quelle odeur a votre peau ? Suave ? Florale ? Salée ? Léchez le dos de votre main et sentez-en les effluves. Déplacez vos narines où vous le souhaitez sur votre peau et reprenez contact avec votre parfum signature, qui est unique.
3. Puis respirez un à un les éléments devant vous. Ressentez le soleil du fruit et des épices, le frais et la pluie du caillou, le bois du crayon… Que cela vous inspire-t-il ? Notez !

Pour finir…

Joignez les mains sur votre cœur et remerciez votre corps, les éléments et le lieu pour ce moment. Remerciez votre nez de vous avoir fait voyager dans ce monde odorant.

Ma cérémonie sacrée du cacao

Alors qu'il nous paraît normal de stimuler le développement du goût chez l'enfant, à l'âge adulte nous n'éveillons plus nos papilles gustatives. Et si vous plongiez dans les effluves puissants du cacao brut lors d'un petit rituel de dégustation qui va vous dévoiler son goût sacré ? Les Mayas et les Aztèques considéraient le cacao comme « la nourriture des dieux » et l'ont appelé *Yollotl Eztli* (« le sang du cœur » en français).

Préparation

Utilisez un chocolat en poudre à 80 % de cacao minimum. Faites-en fondre 35 g avec 150 ml d'eau, à feu moyen. En option, vous pouvez rajouter une pincée de cannelle, de sel, de piment de Cayenne, du lait végétal et un élément sucrant dans votre boisson. Il est recommandé de faire ce rituel avec l'estomac vide en ayant évité l'alcool, les aliments gras et transformés durant les dernières 24 heures. Le cacao est énergisant, évitez de faire ce rituel le soir. Si vous n'aimez pas le cacao, remplacez-le par un matcha latte, un chai ou toute autre boisson chaude réconfortante.

Les étapes

1. Servez-vous une tasse de chocolat chaud dans votre espace sacré. Portez l'élixir à votre cœur puis à votre nez et laissez-vous imprégner des effluves.
2. Humectez vos lèvres de mousse, appréciez le contact sur votre langue et buvez le nectar sacré. Chaque gorgée est une occasion d'ouvrir votre cœur et de vous remplir d'amour.
3. Après 15-20 minutes, les minéraux contenus dans le cacao comme le magnésium, la sérotonine ou la théobromine vont vous apporter détente et sérénité.

Pour finir…
Remerciez la graine de cacao d'avoir voyagé depuis l'Amérique du Sud jusqu'à vous et buvez un grand verre d'eau. Ressentez la détente que ce voyage gustatif vous a procuré.

Le saviez-vous ?
Une légende maya raconte que, lorsque l'équilibre entre les humains et Mère Nature était perturbé, le cacao sortait de la forêt tropicale pour ouvrir le corps, le cœur et l'esprit des gens et faire revenir l'harmonie.

Mon rituel des mains dans la terre

La nature se révèle être un terrain d'exploration tactile ressourçant et idéal pour reprendre contact avec le toucher. Nous nous donnons rarement l'autorisation de nous couvrir le visage de suie, de natter nos cheveux avec des pétales de fleurs ou de nous enduire les mains de glaise. Alors reconnectons-nous au toucher énergisant des éléments naturels !

Préparation
Pour ce rituel vous avez besoin d'un petit bloc d'argile ou de pâte à sel – de l'eau (1 verre), du sel (1 verre) et de la farine (2 verres) mélangés dans un saladier. Il vous faudra également un bandeau, une table basse débarrassée et protégée ainsi que des coussins posés sur le sol pour vous asseoir confortablement.

Les étapes

1. En silence ou avec une musique douce, installez-vous autour de la table basse avec votre pâte devant vous. Mettez votre bandeau sur les yeux afin d'être plongée dans le noir.
2. Touchez la terre ou la mixture avec vos doigts, ressentez les textures et malaxez-les jusqu'à former une boule homogène.
3. Avec votre pâte, laissez aller votre créativité et fabriquez une représentation de vous-même, laissez-vous guider par vos mains et envahir par vos perceptions. Et surtout n'oubliez pas de vous amuser !

Pour finir…
Enlevez votre bandeau et découvrez votre chef-d'œuvre en souriant. Félicitez-vous pour ce moment de connexion intime avec vous-même. Laissez sécher l'argile à l'air libre pendant 24 heures ou mettez votre pâte à sel au four pendant 4 heures à 100 °C.

Je me nourris sainement

« Dis-moi ce que tu manges, et je te dirai qui tu es. » Bonne vivante, vegan, convertie au zero waste ou adepte du gluten free ? Que pouvez-vous découvrir sur votre personnalité et sur votre mode de vie en observant votre assiette ? Votre famille, votre pays, votre culture vous ont transmis un patrimoine culinaire et des habitudes alimentaires qui jouent un rôle dans la façon que vous avez de percevoir votre corps et d'en prendre soin. Je vous propose de vous intéresser à votre histoire alimentaire pour tisser une relation positive entre votre assiette et votre corps.

L'alimentation émotionnelle

Connaissez-vous le concept d'« emotional eating » ou alimentation émotionnelle ? Il s'agit de manger pour se couper d'un ressenti émotionnel : « Je suis stressée alors je grignote entre les repas », « quand je suis triste, je dévalise les placards », « je me ressers toujours une seconde fois sans faire attention à la satiété. » Il est très courant d'utiliser la nourriture comme une stratégie de réconfort immédiat pour combler un vide, pour calmer le mental et/ou pour ne pas avoir à écouter ses émotions.

Mon histoire alimentaire

Pour savoir si vous « mangez vos émotions », autorisez-vous à porter une attention consciente sur vos habitudes alimentaires et à plonger dans vos souvenirs gustatifs.

▻ Enfant, quelle était la place de l'alimentation dans votre famille ?
▻ Comment était votre relation à la nourriture, enfant et adolescente ?
▻ Qu'en est-il maintenant ?
▻ Avez-vous des pulsions alimentaires ?
▻ Quelles sont les émotions associées à ses pulsions ?
▻ Enfant, quels étaient les plats et aliments qui revenaient souvent ?
▻ Quels sont les aliments que vous mangez le plus aujourd'hui ?

Comment vous réconcilier avec votre assiette ?

Maintenant que vous avez une idée de votre histoire alimentaire, je vous invite à identifier vos valeurs alimentaires, c'est-à-dire ce qui est fondamentalement important pour vous et vous permettra de manger sereinement et avec plaisir. Dans la liste des valeurs (p. 47), cochez les 3 qui vous ressemblent le plus et vous font vous sentir vivante.

Observez si les réponses aux questions ci-dessus sont en accord avec elles, puis répondez aux questions ci-dessous :

- Que signifie cette valeur pour vous ?
- Est-ce que cette valeur est mise en pratique dans votre alimentation ?
- Si oui, comment ? Pourriez-vous aller plus loin ?
- Si non, quelles actions pourriez-vous engager pour qu'elle le soit ?

Par exemple, si ma valeur est « l'exploration », je m'engage à découvrir un nouvel aliment chaque mois. **Si ma valeur est « la créativité »**, je m'engage à réaliser des assiettes colorées qui me donnent envie. **Si ma valeur est « la gratitude »,** je m'engage à remercier les aliments et la personne qui a fait le repas avant de commencer à manger.

Faire la paix avec mes émotions

La clé pour retrouver la sérénité, la liberté de manger et faire la paix avec votre alimentation réside dans la gestion de vos émotions. Allez faire un tour au chapitre 3 et pratiquez les exercices recommandés (p. 51) pour mieux gérer vos états émotionnels sans avoir recours à la nourriture.

Vous êtes team sucré ? Si le soir venu, vous avez envie de dévorer la tablette de chocolat et le paquet de gâteaux, alors votre goûter n'est pas assez conséquent. C'est à ce moment de la journée que les fruits sont les bienvenus (smoothies, bowl de fruits avec oléagineux, barres de céréales…).

Vous êtes team salé ? Si le soir venu, vous avez envie d'un paquet de chips ou d'une pizza, vos apports en protéines et en bon gras au petit déjeuner et au déjeuner sont insuffisants. Préférez un petit déjeuner salé et ajoutez de bonnes huiles au déjeuner (houmous, avocado toast, tartine de tartare d'algues avec un filet d'huile extra-vierge d'olive, de lin ou de colza).

Je me reconnecte à mon corps avec une détox digitale

Une petite diète Internet, ça vous dit ? Nous touchons notre smartphone en moyenne 2 600 fois par jour ! Il est devenu notre meilleur ami, notre doudou virtuel avec qui nous passons nos nuits ; un prolongement de notre corps qui nous déconnecte de nos besoins. N'ayons pas peur des mots : la plupart d'entre nous sommes addictes. Et qui dit addiction dit… détox ! Que diriez-vous de couper le cordon avec votre téléphone, d'instaurer une consommation « slow technology » pour être plus présente à votre corps et à vous-même ?

Pourquoi avons-nous besoin d'une détox digitale ?

La course aux likes, les filtres et retouches photos, la comparaison aux autres exacerbent notre manque de confiance en nous et nos complexes physiques.
Le monde virtuel nous déconnecte de nous-même et des autres, à défaut de nous relier.

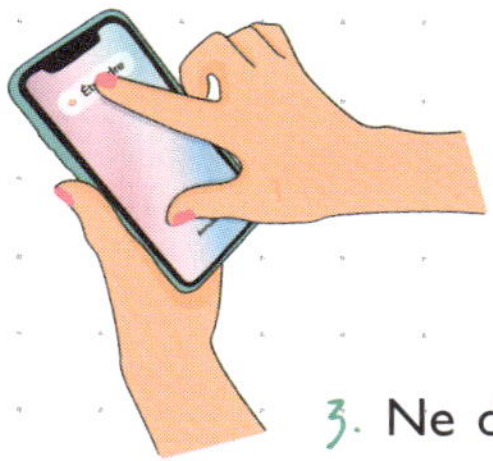

Comment faire ?

1. Déconnectez toutes les notifications de toutes les applications sur tous vos appareils !
2. Prévoyez des temps réservés pour surfer sur le Web.
3. Ne dormez pas avec votre téléphone.
4. Pratiquez le jeûne digital de manière hebdomadaire ou occasionnelle en éteignant volontairement votre portable.
5. Le top du top : partez quelques jours en week-end ou faites une retraite en laissant votre téléphone à la maison. Une aventure à tenter au moins une fois, vous verrez le dépaysement total que cela procure !

Mon cycle féminin, mon outil Self-Love

Notre biologie intérieure est magique ! Chaque mois, les femmes ont la possibilité d'expérimenter le lien intime qui existe entre leur rythme physiologique et la nature cyclique du vivant. Elles vivent à travers leur cycle menstruel 4 phases que l'on peut mettre en correspondance avec les 4 saisons, les mouvements du système solaire, les marées, les 4 phases du cycle de la Lune (pleine lune, lune montante, lune descendante, nouvelle lune)… Le cycle féminin est une source d'apprentissage pour pleinement habiter son corps et s'aimer. On vous emmène au cœur du cycle féminin pour vous faire découvrir la personne précieuse que vous êtes !

Redonner au cycle toute l'attention qu'il mérite

Pour nombre de personnes, avoir ses règles est au mieux banal et au pire un moment de galère à traverser. Perçu comme un inconvénient biologique, le cycle menstruel est un sujet encore peu abordé voire tabou qui mérite d'être mis en lumière. Avons-nous oublié que le cycle de la femme contient en lui la promesse d'avenir de l'humanité, la puissance de la création de vie ?

Pourquoi est-ce important de connaître son cycle menstruel ?

Lorsqu'une femme connaît son cycle menstruel, elle apprend à se respecter, à accueillir sa vulnérabilité et à s'aimer. Au fur et à mesure des mois, elle découvre ce qui pétille en elle, sa vie gagne en fluidité, et son quotidien s'en trouve transformé. Comprendre le langage du cycle menstruel permet d'être plus efficace et organisée, de mieux communiquer avec les autres en vous sentant respectée, d'optimiser votre vitalité pour une meilleure santé. Et si la clé du Self-Love venait de la compréhension de votre cycle ?

Qui est concerné par le cycle féminin ?
Que vous ayez des menstruations ou non, le cycle féminin va bien au-delà de la biologie intérieure et chacun(e) peut se sentir concerné(e). Que vous soyez enceinte, ménopausée, sous contraception chimique, sans utérus ou quel que soit votre genre : sentez-vous libre de vous concevoir avec des rythmes intérieurs. Simplement, si vous n'avez pas de cycle auquel vous référer, recréez-en un en vous reportant à celui de la Lune.

Mes rythmes intérieurs : aptitudes et fragilités au cours du mois

Vous avez certainement remarqué que vous percevez la vie différemment au cours du mois ; tout simplement parce que vous êtes guidée par les fluctuations de vos hormones qui ont un impact sur vos émotions, votre énergie, votre sexualité, vos interactions avec les autres, votre regard sur vous-même… Le cycle féminin impulse un mouvement subtil en 4 temps où se succèdent une série d'événements physiologiques ayant un impact sur vos facultés physiques, psychiques et énergétiques et votre rythme interne au cours du mois. Il est temps d'explorer ces 4 phases qui font de vous une femme puissante aux multiples facettes !

Chaque mois, le corps de la femme se prépare à être enceinte, cela de la puberté à la ménopause. Au cours d'une vie, une femme a environ 480 cycles soit 480 rendez-vous, autant d'occasions de se connecter à sa puissance, de comprendre son fonctionnement et celui de la vie autour d'elle.

La phase menstruelle, les règles (jours 1 à 6 du cycle)

Que se passe-t-il dans mon corps ?

Le jour 1 du cycle correspond au début des règles, déclenchées par le cerveau lorsqu'aucun ovule n'a été fécondé.

Mon énergie durant cette phase

Votre énergie est la plus basse dans cette phase du cycle, et vos émotions sont stables. Pourquoi ? En perdant du sang, votre taux de fer et de globules rouges baisse et l'oxygénation de votre corps ralentit. Cette fonction physiologique du corps est une invitation à apporter le calme et l'apaisement et à vous permettre de faire de la place dans votre esprit et dans votre corps afin d'intégrer les apprentissages du mois écoulé. Tout l'enjeu durant cette période est d'en faire le moins possible pour retrouver « votre posture d'être ». Quand elle est accueillie et comprise, cette phase peut devenir la plus puissante de votre cycle !

Comment m'adapter à cette phase ?

Il peut être compliqué de ralentir le corps et l'esprit avec nos emplois du temps de ministre. Pourtant, se reposer pendant cette phase du cycle est vital sur le plan physique, mental et émotionnel. Ralentir, c'est faire preuve d'une grande maturité et d'écoute. Ce temps de « repos » va vous aider à être en forme pendant le reste du mois.

La phase pré-ovulatoire (jours 7 à 13 du cycle)

Que se passe-t-il dans mon corps ?

Un nouveau cycle démarre. Les œstrogènes sont sécrétés pour produire des follicules contenant les futurs ovules élus.

Mon énergie durant cette phase

C'est le boost d'énergie du mois : le mode Wonder Woman est activé. Vos aptitudes physiques et mentales sont déployées : toutes ces idées, envies, aspirations qui ont maturé pendant les semaines précédentes peuvent être mises en oeuvre ! Apprentissage, planification, exploration : plongez dans l'énergie de FAIRE et usez de votre dynamisme pour penser et agir sur votre vie à court, moyen et long terme. Let's go !

Comment m'adapter à cette phase ?

Durant cette phase, l'énergie ressentie est parfois très intense. Même s'il est couramment attendu que vous soyez aussi pleine de vitalité pendant toute la durée du cycle, ce serait une erreur d'y adhérer ! Prendre comme référentiel vos facultés lors de cette phase entraînerait fatigue et frustration. Pour autant et uniquement pendant cette période de pré-ovulation, profitez de votre potentiel. Et, si l'énergie ressentie est trop intense, dépensez-vous avec une activité physique et sortez à l'extérieur, dans la nature… Attention à la patience, à la tolérance et au tact qui peuvent vous faire défaut à ce moment du cycle : rappelez-vous que votre entourage ne traverse pas forcément la même phase et a peut-être moins d'énergie.

La phase ovulatoire (jours 14 à 20 du cycle)

Que se passe-t-il dans mon corps ?

C'est le temps de l'ovulation provoqué par le pic d'hormones œstrogènes et de l'hormone lutéinisante (LH). Elles déclenchent l'expulsion de l'ovule sélectionné qui attendra d'être fécondé ou non.

Du cerveau aux ovaires…

Les hormones sexuelles de la femme sont responsables de tout le déroulement du cycle menstruel. Elles sont sécrétées au niveau de l'hypophyse (glande pituitaire) située sous le cerveau (FSH et LH) et dans les ovaires (œstrogènes et progestérone) pour une éventuelle grossesse.

L'hormone folliculo-stimulante (FSH) va, comme son nom l'indique, stimuler les follicules qui contiennent les ovocytes pour qu'ils grandissent et s'épaississent.

L'hormone lutéinisante (LH) est chargée de provoquer l'ovulation lorsque le follicule qui contient l'ovocyte le plus mature est sélectionné.

L'œstrogène a une fonction régulatrice de tout le cycle menstruel. L'une de ses actions principales est de permettre aux muqueuses de l'utérus de s'épaissir pour accueillir l'œuf en cas de fécondation.

Enfin, le rôle de la progestérone est d'augmenter l'épaisseur de l'utérus et de le gorger d'éléments nutritifs pour que l'embryon puisse s'y implanter et que la grossesse débute.

Mon énergie durant cette phase

La vie est belle ! Vos sens sont en éveil, ils soulignent votre vulnérabilité et votre présence aux autres. Cette période stimule votre générosité et la confiance dans vos échanges avec les autres. Profitez de cette phase délicieuse dans vos relations amoureuses et dans votre sexualité ! L'art de donner et de recevoir, c'est maintenant !

Comment m'adapter à cette phase ?

Lorsque vous développez des qualités d'écoute et de grande empathie, les émotions de l'autre peuvent être envahissantes. Vous êtes présente pour les autres, mais ne vous oubliez pas ! Il est important d'apprendre à poser vos limites pour que l'espace de chacun(e) soit respecté. Faites attention à ne pas prendre trop d'engagements et dire oui à tout. Le temps de l'ovulation peut soulever des émotions relatives au désir de maternité : rappelez-vous que votre corps vous appartient et que vous seule disposez de droits sur lui.

La phase prémenstruelle (jours 21 à 28 du cycle)

Que se passe-t-il dans mon corps ?

Pendant cette phase, tandis que le taux d'œstrogènes dans votre corps diminue, la progestérone entre en scène pour préparer l'accueil de l'œuf fécondé. Deux possibilités : soit l'œuf s'implante dans l'endomètre – la muqueuse qui tapisse la paroi interne de l'utérus – si vous êtes enceinte ; soit l'endomètre se désintègre et est rejeté par l'orifice vaginal, déclenchant les règles.

Mon énergie durant cette phase

Comme une grande magicienne, vous percevez le monde dans sa globalité avec ses ombres et ses lumières. Votre créativité est exacerbée : peignez, dessinez, chantez, dansez, écrivez, etc. Explorez tous les domaines artistiques qui vous font envie.
Votre capacité de discernement est au top, votre sens de la repartie et votre intelligence éclatent au grand jour. Observez ce que vous aimez, faites le tri et débarrassez-vous de ce qui ne vous convient plus.

Comment m'adapter à cette phase ?

Les fluctuations hormonales qui vous traversent peuvent créer des montagnes russes émotionnelles pas toujours simples à apprivoiser. L'œstrogène, la pédale d'accélérateur, et la progestérone, la pédale de frein, travaillent en synergie et envoient des signaux opposés ! C'est pour cela que vous pouvez dans la même heure ressentir de l'enthousiasme, de la joie et de la tristesse, voire de la colère. Beaucoup de femmes ressentent aussi des douleurs physiques réunies sous le terme de syndrome prémenstruel (SPM). Ces douleurs sont souvent liées à un stress, une hygiène de vie, des activités et des actions qui ne vont pas dans le sens de vos besoins durant cette période et les précédentes.

Mon rituel « Love Cycle »

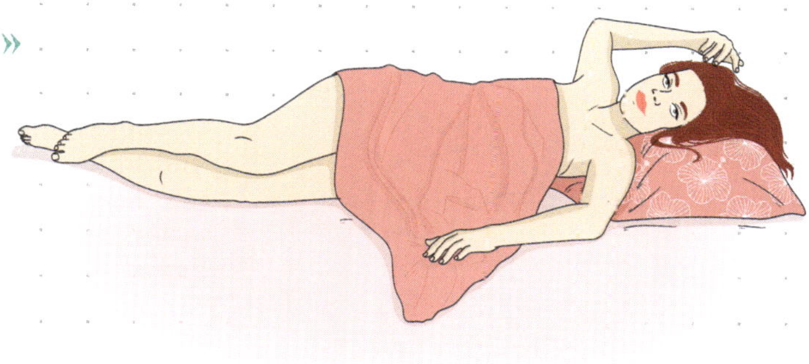

Quatre phases pour vivre votre cycle comme une source d'épanouissement personnel et optimiser vos potentiels ! Découvrez pour chacune des phases les ressources, actions et conseils que vous pouvez mettre en place à travers les voies sacrées Mind, Body et Self-Love.
Vous n'avez pas de cycle menstruel mais souhaitez vivre l'expérience « Love Cycle » ! C'est possible, nous sommes tous des êtres cycliques. Pour vous repérer, je vous invite à suivre le calendrier lunaire. Le jour 1 du cycle menstruel correspond à la date de la nouvelle lune qui revient tous les 29,5 jours environ.

Téléchargez votre calendrier lunaire gratuitement sur www.naiadis.com.

Un rituel basé sur un cycle de 28 jours

Si votre cycle est plus court (inférieur à 28 jours), lisez les informations de la phase en cours et de la phase suivante, puis observez avec laquelle vous vous sentez en résonance. Dans le cas d'un cycle plus long (supérieur 28 jours), profitez des bienfaits de la phase concernée plus longtemps.

Mon temps méditatif (jours 1 à 6 – phase menstruelle)

My mind

La priorité pour cette semaine est d'alléger votre agenda d'événements importants, de réunions, de tâches qui sollicitent gymnastique mentale et concentration.

- **Ancrage** : Profitez d'une énergie stable pour entrer dans votre intériorité. Pratiquez une technique de relaxation ou de méditation au moins 10 minutes par jour.
- **Clarté** : Affinez votre vision du futur – proche ou lointain – grâce à votre intuition très développée. Devenez l'héroïne de votre histoire (p. 88). Néanmoins il est important de ne pas passer à l'action pendant cette phase.
- **Purification** : Retournez à l'essentiel, évitez la pollution mentale et faites une détox digitale (p. 26) pendant les journées de flux abondant ou le jour de la nouvelle lune.

My body

La phase de menstruation peut être mal vécue et source de souffrance : douleurs, crampes, moral à zéro, fatigue… Expérimentez ces quelques conseils pour mieux la vivre dans votre corps.

- **Assouplissement** : L'immobilité n'est pas souhaitable pendant les règles : variez les positions assises, allongée, debout. Si les sports dynamiques sont déconseillés, il vous est recommandé de faire une pratique douce comme la marche ou le yin yoga, au moins 20 minutes par jour.
- **Chaleur** : Le corps utilise son énergie et ses ressources pour se nettoyer et il se refroidit facilement. Ayez toujours le bassin et les hanches couvertes : une bouillotte d'eau chaude sur le ventre ou dans le bas du dos en cas de douleurs menstruelles est très efficace.
- **Hydratation** : Pour permettre la circulation des flux intérieurs et l'élimination du sang des menstruations, buvez davantage d'eau et mangez des fruits et des légumes, qui sont la meilleure source d'hydratation. Vos reins travaillent dur, et une bonne hydratation leur est nécessaire.

Mes rituels Self-Love

Employez une posture de retrait ou de non-agir, pour simplement « être », vous poser et entrer dans votre cocon intérieur.

- **Repos** : Appréciez sans culpabiliser les moments où vous ne faites rien. Le top ? Poser un jour off dès le début de vos menstruations. Certaines entreprises commencent à l'accepter. Idéalement, couchez-vous une heure plus tôt pour récupérer.

- **Solitude** : Évitez les grands rassemblements et les interactions sociales qui vous fatiguent. Isolez-vous un peu (même pour manger et dormir).
- **Élévation** : Retournez à l'essentiel, à la grande connexion à la nature et au plus grand que soi. C'est le moment d'honorer la sorcière en vous : baladez-vous en forêt et ramassez ses petits trésors (bâtons, écorces, humus, feuilles…) pour les mettre sur un autel dédié ; allongez-vous le soir pour observer le ciel et ses constellations ; allumez une bougie et méditez avec l'intention de vous connecter au divin…
- **Libération** : Lorsque vous êtes tranquille à la maison, essayez la pratique du « Flux instinctif » qui consiste à contenir votre sang menstruel et à le libérer aux toilettes ou dans la nature quand vous en ressentez le besoin. Au départ, vous pouvez utiliser des protections hygiéniques comme une culotte menstruelle si vous craignez de tacher vos vêtements.

Mon temps d'exploration (jours 7 à 13 – phase pré-ovulatoire)

My mind

Votre esprit a besoin de stimulation, de nourriture intellectuelle et de découvertes. Donnez-lui-en !

- **Audace** : Vous avez la capacité à vous lancer dans de nouveaux projets, à mettre en place vos idées et à vivre vos ambitions. C'est le moment de prendre des risques et de foncer ! Faites votre mind mapping « Self-Love flower » (voir p. 79) – un système d'organisation d'idées qui peut vous aider à la réalisation de tous vos projets.
- **Productivité** : Douée d'une grande efficacité et ultraproductive, vous êtes capable d'accumuler et d'abattre une grande quantité de travail. C'est le moment de vous atteler aux tâches que vous remettez à plus tard.
- **Organisation** : La planification et la structuration ne vous font pas peur. Vous avez une vision à la fois d'ensemble et détaillée de vos projets. C'est une excellente période pour planifier votre agenda du féminin, un outil qui va vous permettre d'organiser votre mois en fonction de votre cycle menstruel (voir p. 73).

My body

Phase dynamique du cycle, phase de prise d'élan… Vous débordez d'énergie et vous vous sentez motivée pour relever tous les défis physiques.

- **Challenge** : C'est le moment de démarrer une nouvelle activité, de commencer un nouveau sport ou de revoir votre hygiène de vie et notamment votre alimentation. Votre motivation est élevée et vous aide à mettre vos nouvelles habitudes en place. Pour vous aider, lisez le chapitre « Je me nourris sainement » (p. 25).

○ **Force** : Découvrez vos capacités d'endurance et de rapidité via une remise en mouvement. Votre côté compétiteur est activé : pas de doute, pendant cette période, vous êtes la meilleure ! Course à pied, match de tennis, défi 21 jours de yoga, challengez-vous !

○ **Extériorisation** : Votre corps tout comme votre esprit a besoin de s'exprimer et de ne pas être enfermé entre quatre murs. C'est le moment d'organiser vos sorties à l'extérieur : rando, vélo, cinéma, shopping, voyage : let's go outside !

Mes rituels Self-Love

Durant cette phase centrée sur soi, profitez de l'occasion qui vous est donnée de faire la paix avec vous-même et de vous aimer telle que vous êtes.

○ **Valorisation** : Réactivez votre pouvoir personnel et reprenez contact avec votre identité. Vous avez la permission de vous centrer sur vous : pourquoi ne pas dresser la liste de toutes les choses que vous avez accomplies ces dernières années ? Remplissez votre « reverse bucket list » (voir p. 58) et honorez-vous pour ce que vous avez réalisé !

○ **Spontanéité** : Brisez la monotonie et autorisez-vous plus de liberté, voire d'insouciance comme le ferait une enfant qui touche à tout sans peur d'être jugée : faites un karaoké, dansez sous la pluie, sautez en parachute, déguisez-vous… Misez sur un shoot d'adrénaline pour mettre du fun dans votre vie !

○ **Canalisation** : Le soudain trop-plein d'énergie n'est pas toujours facile à canaliser après une phase calme et intérieure. L'enjeu va donc être d'utiliser votre vitalité pour des projets qui vous nourrissent, et pas pour engendrer de l'agitation gratuite, un tourbillon épuisant et de la frustration. Défoulez-vous et laissez sortir vos mots et vos maux.

Mon temps de rayonnement (jours 14 à 20 – phase ovulatoire)

My mind

C'est le moment de faire fleurir ce qui a été démarré lors de la phase d'exploration et de l'exposer aux yeux du monde. Place au rayonnement !

○ **Persuasion** : Meilleure négociatrice du mois ! Vous êtes convaincante : utilisez cette ressource pour proposer vos idées, négocier et trouver des compromis. C'est le win-win assuré !

- **Vulnérabilité** : Grâce à votre sensibilité et à votre ouverture du cœur, autorisez-vous à montrer vos émotions et être authentique. Faites le rituel du « Miroir de l'humilité » (p. 69), un moment en face-à-face avec vous-même pour vous permettre d'embrasser vos ombres et vos lumières et pour vous aimer pleinement.
- **Empathie** : Au-delà des mots, vous percevez votre environnement de façon éclairée et juste. Généreuse, à l'écoute et protectrice : votre côté maternel se révèle. Rencontrez votre enfant intérieur via une puissante visualisation, offrez à la personne que vous avez été toute votre écoute et votre bienveillance (voir p. 62).

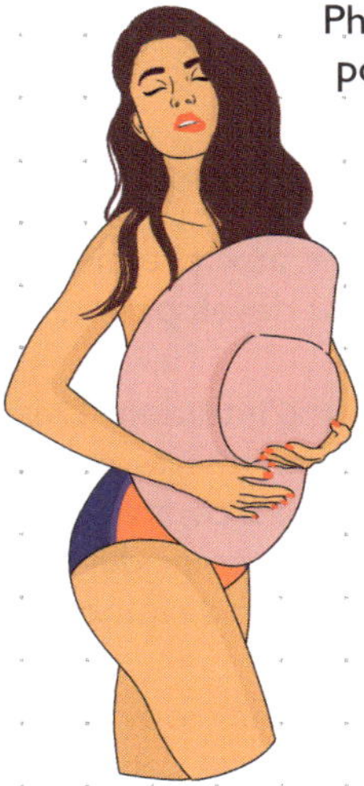

My body

Phase de fertilité intérieure et extérieure : votre corps est dilaté et s'ouvre pour accueillir la graine de vie.

- **Sensorialité** : Vos sens sont en éveil ainsi que vos désirs sexuels. Le rituel « Fragrance sauvage » va vous permettre de renouer avec vos sens. À faire seule ou avec un(e) partenaire (voir p. 22). La sexualité est mise en avant en période d'ovulation (même si les relations intimes peuvent être explorées dans toutes les phases du cycle !).
- **Éclat** : Vous êtes belle et vous rayonnez ! Le pic d'œstrogènes lisse les pores de votre peau et vous vous sentez en confiance. Le rituel « Yoni Spa », bain de vapeur aux plantes, est un puissant cadeau à vous faire pour développer l'amour de soi et explorer votre intimité : il va soulager certains inconforts liés à la zone sexuelle, vous détendre et même rebooster votre vitalité (voir p. 42).
- **Déploiement** : Vivez la saison estivale de votre cycle et réjouissez-vous. La pratique de l'ecstatic dance est géniale pour exprimer le vivant en vous. À faire seule ou avec les autres (p. 40).

Mes rituels Self-Love

Halo d'amour, d'harmonie, d'attention, cette phase nourrit l'amour inconditionnel et l'ouverture du cœur.

- **Gratitude** : Reconnaître à quel point vos sensations de joie sont précieuses vous permet d'attirer à vous des expériences similaires encore plus grandes. Écrivez chaque matin ou chaque soir vos petits et grands bonheurs de la journée dans votre rituel « Le top 3 de mes gratitudes » (voir le détail p. 65).
- **Tissage** : Resserrez les liens familiaux, passez du temps avec les personnes que vous aimez, ayez des conversations inspirantes et dites-leur que vous les aimez. Explorez le lien de sororité qui vous unit avec d'autres femmes et nourrissez-vous de communication authentique au pouvoir guérisseur. Pourquoi ne pas expérimenter un cercle de femmes (voir p. 85) pour partager vos valeurs et votre vécu sous le regard bienveillant de personnes inspirantes ?

- **Célébration** : Le temps de la fertilité intérieure et de la récolte des fruits est arrivé. C'est le moment idéal pour se joindre aux autres et célébrer la joie d'être ensemble : apéro, pique-nique, anniversaire, fête, etc. Full abundance and full love !
- **Retour aux sources** : N'oubliez pas de recharger vos batteries en « rentrant à la maison ». Dans cette période où l'on est avec les autres et souvent à l'extérieur, il est important de ne pas trop s'éloigner de soi, sinon le retour sera difficile lors de la phase suivante. Créez votre lieu ressource (p. 78) à la maison, un petit coin douillet et réconfortant où vous pouvez vous recueillir, vous reposer et, pourquoi pas, faire les rituels du *Cahier Self-Love*.

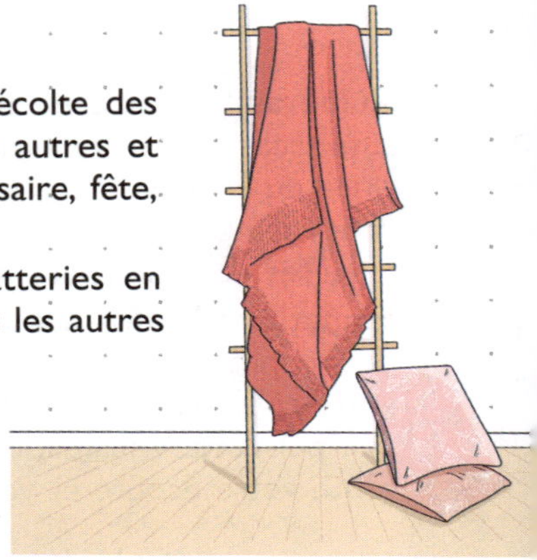

Mon temps de transformation (jours 21 à 28 – phase prémenstruelle)

My mind

Inventivité, idées lumineuses et capacité d'analyse sont aux premières loges. C'est une période de remise en question grâce au développement de vos facultés d'observation.

- **Intuition** : À vous la vivacité d'esprit et le pouvoir d'intuition. Des idées et perspectives claires vous arrivent comme par magie et les synchronicités vous sautent aux yeux. Pourquoi ne pas commencer un journal de ces synchronicités en notant toutes les coïncidences et les choses qui vous sont arrivées par hasard. Pour développer plus profondément votre intuition, rendez-vous p. 86.
- **Déstructuration** : Vous pointez du doigt les problèmes et trouvez les solutions pour les régler même si cela doit vous déstabiliser. Attention à la franchise coûte que coûte et à la critique frontale envers vous-même et les autres. Observez les freins à votre épanouissement personnel (voir p. 59).
- **Affirmation** : Après une phase où vous avez souvent dit oui aux autres, affirmez vos choix et utilisez vos capacités à dire non plus facilement. Vous apprendrez ainsi à poser vos limites (p. 49).

My body

Suivez le flow des mouvements intérieurs de votre corps pour incarner la médecine du changement : nothing is permanent.

- **Créativité** : Avec un sens artistique particulièrement développé durant cette phase, osez les activités manuelles et explorez votre créativité ! Le rituel « Mains dans la terre » est idéal pour libérer votre énergie créative (p. 24) et vous connecter à vos sensations et aux éléments naturels, pour vous recharger en énergies positives !
- **Fluctuation** : Votre corps vit un chamboulement intérieur, et votre endurance est en chute libre, ce qui peut réveiller certains symptômes comme les douleurs abdominales

et dorsales, la fatigue, les maux de tête, les pulsions alimentaires, les troubles de l'humeur. Ces symptômes (SPM) varient d'une femme à une autre. Et si vous faisiez une séance de réflexologie plantaire (voir p. 38) pour stimuler certains points spéciaux situés au niveau des pieds ? Reboost et apaisement garantis !

- **Pause** : Votre corps est vibrant mais peu endurant : prenez le temps de faire des pauses de 5 à 10 minutes régulièrement dans la journée en allant prendre l'air, en mangeant un fruit, en vous allongeant... Alternez des activités différentes sur des temps courts pour vous apporter satisfaction et éviter la frustration.

Mes rituels Self-Love

Amenez douceur et tranquillité dans votre vie pour mieux traverser les tempêtes émotionnelles et corporelles !

- **Nettoyage** : Cleanez tout ! Dans votre maison si vous le souhaitez mais surtout dans votre tête et votre cœur. Pour vous alléger du bagage émotionnel que vous portez, vous pouvez réaliser le rituel « Détachement » (voir p. 67) pour faire de la place et vous débarrasser de ce qui vous encombre.
- **Rêve** : Quelques jours avant vos menstruations, votre taux de progestérone baisse et agit sur votre sommeil paradoxal (la phase des rêves). Votre sommeil est plus agité, et vous vous réveillez en vous souvenant plus facilement de vos rêves. Notez-les, peut-être ont-ils des messages à vous faire passer ?
- **Réconfort** : Autorisez-vous des temps de bien-être et de plaisir, comme une cérémonie du cacao (p. 23). Vous allez sécréter des hormones du plaisir et soulager vos douleurs physiques grâce aux propriétés anti-inflammatoires du cacao.

Mon corps, mon temple sacré

Observez-vous parfois les gens marcher dans la rue ? Leurs pas timides ou assurés, qui tapent sur les trottoirs, qui laissent entrevoir des distorsions corporelles dans des chevilles fines, des bassins retenus et des tête baissées vers le sol. Nous marchons coupées de notre alignement et de notre respiration et nous compensons par des postures qui nous fragilisent à long terme.

La liberté de notre corps commence dans nos pieds, voyage dans nos hanches et s'installe dans notre utérus : 3 zones de force corporelle et de soutien, souples et adaptables. À travers elles, véritables clés de voûte, vivez 3 expériences au service d'un corps en joie pour contacter votre terre intérieure, faire respecter votre territoire et laisser émerger vos dons.

Mes deux pieds sur terre

Ils sont les grands oubliés de notre corps, mal-aimés, cachés et souvent considérés comme impurs : nos pieds. Prouesses biomécaniques, les pieds sont constitués d'une structure de 28 os reliés à un réseau musculaire, articulaire, ligamentaire, veineux et nerveux ultrasensible et réceptif capables de soutenir notre corps, de s'adapter à notre environnement et de nous permettre de nous mouvoir.

Et si vous regardiez vos pieds différemment ?

Et si en prendre soin était une clé pour retrouver de la stabilité, ne plus vous laisser marcher dessus et aller de l'avant ? Je vous invite à rencontrer vos pieds via une technique de soin super-relaxante.

Mon automassage relaxant avec la réflexologie plantaire

La réflexologie plantaire est une méthode de thérapie manuelle douce qui apporte une grande détente. La réflexologie part du principe qu'une cartographie de tout le corps humain est représentée sur ou sous nos pieds. Avec vos mains, et notamment la pulpe de vos pouces, vous allez stimuler les zones réflexes qui correspondent aux organes, aux muscles, aux os et aux glandes que vous souhaitez booster ou apaiser.

Les bienfaits et contre-indications

- Je me relaxe, j'évacue le stress accumulé et je profite d'un moment de bien-être.
- J'active ma circulation sanguine et lymphatique pour libérer les toxines de mon corps et prévenir les affections.
- Je m'ancre ici et maintenant et je vis le moment présent en laissant de côté mes soucis.

Attention, la réflexologie plantaire est proscrite pendant les trois premiers mois de grossesse ; elle est totalement déconseillée en cas de maladie cardiaque, phlébite, traumatismes et infections du pied.

Durée : 15 minutes, une à deux fois par mois.

Préparation

Vous pouvez pratiquer la réflexologie avec ou sans huile végétale (quelques gouttes d'huile végétale d'amande douce, de jojoba, de sésame ou de noix de coco) et mettre une serviette sous vos pieds. En cas de difficultés pour atteindre vos pieds, n'hésitez pas à demander à quelqu'un de vous masser, allongez-vous et profitez !

Ma séance étape par étape

Commencez par le pied gauche (partie réceptive du corps) puis enchaînez avec le pied droit (partie émettrice du corps).

1. **Relaxez-vous :** asseyez-vous confortablement en tailleur et commencez par un effleurage du pied en mettant une main de chaque côté et en faisant des petits mouvements de haut en bas (les mains prenant le pied en sandwich.
2. **Apaisez votre système nerveux :** stimulez les zones en effectuant de légères pressions avec la pulpe de votre pouce : cerveau, cervelet, hypophyse, plexus solaire.
3. **Activez les systèmes d'évacuation de votre corps pour éliminer les toxines du corps** : stimulez la zone des reins, de la vessie, du foie, des poumons et des intestins.
4. **Soulagez le système osseux :** stimulez tout le bord interne du pied : colonne vertébrale, membres inférieurs et supérieurs.
5. **Détendez le système reproductif :** stimulez les ovaires, le vagin, l'utérus.

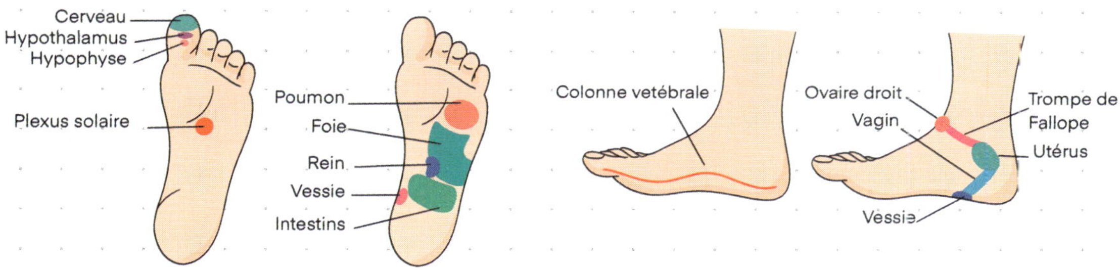

Pour finir…

Vous pouvez refaire quelques mouvements d'effleurage. Essuyez-vous bien les pieds avec la serviette pour éponger le reste d'huile. Enfin, en position assise, posez les deux pieds au sol et tapez quelques secondes la plante des pieds par terre pour faire circuler le sang. Levez-vous doucement et buvez beaucoup d'eau durant la journée.

Mon bassin, mon centre de gravité

Véritable clé de voûte du corps humain, le bassin est comme le rempart de notre forteresse intérieure. Il forme une grande coupole osseuse composée des deux os iliaques, du sacrum et du coccyx à l'intérieur de laquelle sont contenus et protégés les organes génitaux, la vessie et le gros intestin. C'est un lieu d'intenses activités circulatoires et qui diffuse ses forces et ses fluides dans tout le corps. Votre bassin conditionne votre posture en portant et en soutenant votre corps. Il est le point de jonction entre le haut et le bas de votre corps et permet la liberté de mouvement.

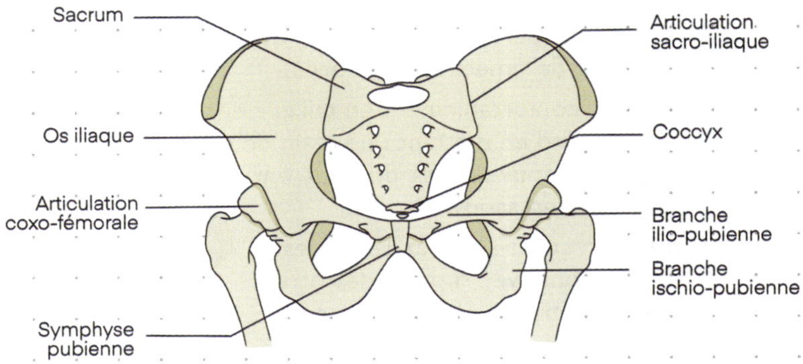

Se reconnecter à son centre par le mouvement

Prendre conscience de votre bassin, c'est vous reconnecter à votre centre et à la puissance de votre socle intérieur. Lorsqu'il est mis en mouvement en conscience, le bassin bouge en une alternance de mouvements de gauche à droite, de haut en bas et de rotations, ce qui permet une oxygénation harmonieuse de tout le corps et une circulation sanguine saine.

Ces mouvements, lorsqu'ils sont combinés, forment une lemniscate, une spirale en forme de 8 à l'horizontale que l'on appelle également « symbole de l'infini ». En entrant dans le mouvement de la lemniscate, vous vous autorisez à explorer l'infini des possibles et à vous déployer tout en étant sécurisée par votre centre de gravité.

Saviez-vous que le symbole de la lemniscate est présent au cœur de nos cellules ? Avec la forme spiralée de ses deux hélices entrelacées, notre ADN forme un lemniscate qui renferme l'ensemble des informations nécessaires au développement et au fonctionnement de notre organisme.

L'exploration de mon bassin avec l'ecstatic dance

Dance like nobody is watching ! Voilà le leitmotiv de la pratique de l'ecstatic dance, un mouvement né à San Francisco, Hawaï et Bali. La pratique n'impose aucune indication : l'objectif est de danser librement, seule ou en groupe, en s'autorisant à faire tous les mouvements que l'on souhaite. Ciao la bienséance, bye-bye les conventions : ici les mouvements non coordonnés sont les bienvenus, et les faux pas n'existent pas. Il n'y a pas de bonne ou de mauvaise danse. Pas de règle ! Juste vous et le rythme de la musique.

Cette danse vous apprend à observer vos limites mentales et psychiques et vous autorise à les élargir, voire à les dissoudre. Les mouvements de votre bassin vous permettent d'explorer l'espace. Grâce à sa force, à sa densité et à sa stabilité, le socle dessiné par vos hanches vous offre la possibilité de rencontrer votre corps, de vous exprimer et de vous aimer !

Les bienfaits et contre-indications

- Je libère les tensions de mon corps et je fais circuler les énergies.
- J'occupe mon corps et l'espace, je prends ma place et je renoue avec ma joie.
- Je suis dans ma vérité : mon corps ne sait pas mentir, si je le mets en mouvement, la vérité jaillit.

Il n'y a aucune contre-indication pour cette pratique.

Quand et combien de temps ? La pratique peut être quotidienne et durer de 10 minutes à 1 heure.

Préparation

Créez une playlist de 3 à 20 morceaux de musique, classés par ordre de rythme crescendo : lent, un peu rythmé, très rythmé puis à nouveau lent.

Ma séance d'ecstatic dance

Mettez votre playlist en route et laissez aller votre corps, laissez-le libre de ses mouvements. La musique constitue le décor de votre expérience et vous guide vers votre abandon. Osez dépasser vos craintes et offrez chaque partie de votre corps à la danse : vos mains, vos coudes, vos pieds, vos genoux, vos hanches, votre cou… Bougez, dansez doucement ou bien faites de grands mouvements très amples. N'ayez pas peur de vous mettre en sueur, qui est une forme ancienne et universelle d'autoguérison. Transpirer, c'est un peu comme faire une offrande de soi au monde. Dansez vos émotions et écoutez ce que votre corps a à vous dire.

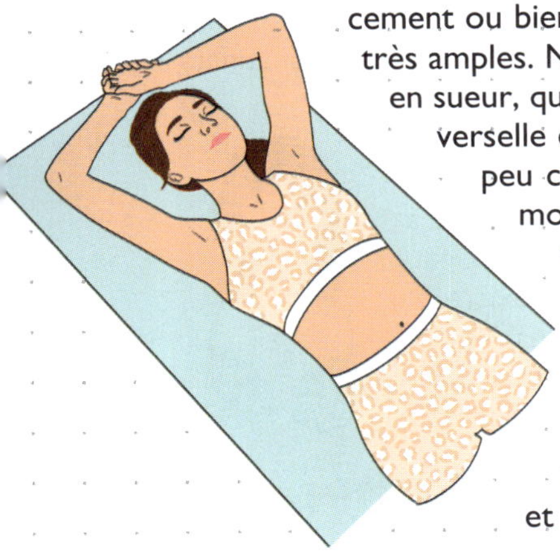

Pour finir…

Allongez-vous sur le sol, prenez plusieurs minutes en silence pour calmer votre respiration, laisser votre corps apprécier le moment vécu et intégrer les bénéfices de la séance.

Mon utérus, mon deuxième cœur

L'utérus est un organe musculaire creux de l'appareil génital féminin qui enveloppe le bébé et assure le développement et la protection de celui-ci. L'utérus possède également une fonction de stockage du sang et des nutriments ainsi qu'une fonction d'évacuation du sang menstruel. Il est en forme de petite poire et mesure environ 6 centimètres de longueur sur 4 centimètres de largeur pour une épaisseur de 3 centimètres.

Symbole de votre histoire personnelle et de vos lignées, il peut vous inspirer pour retrouver votre puissance personnelle et votre autonomie. Une légende raconte que l'utérus a sa propre pulsation et qu'il vibre comme un deuxième cœur.

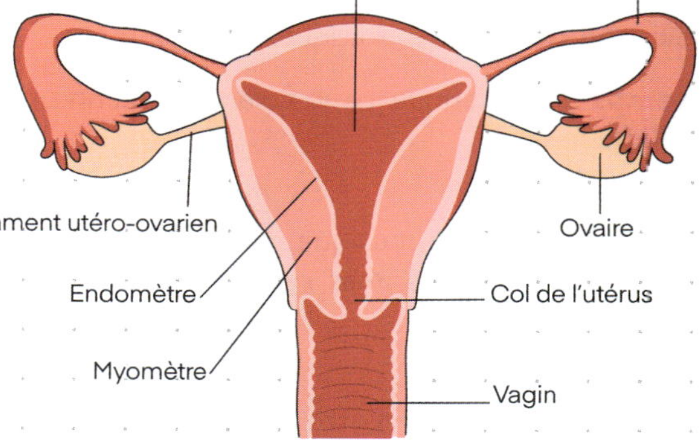

Tout y naît !

Au creux de l'utérus a lieu la croissance du fœtus mais aussi symboliquement la naissance de vos projets, de vos désirs et de vos créations personnelles. Voici une pratique douce et bienveillante pour vous réconcilier avec votre utérus et vous libérer des mémoires et des charges émotionnelles que vous gardez en vous. Faites de la place à vos instincts les plus créatifs !

Mon rituel Self-Love d'émancipation avec le yoni spa

Le Yoni Spa est un soin ancestral traditionnel qui consiste à s'asseoir ou à s'accroupir, les membres inférieurs dénudés, au-dessus d'un récipient d'eau chaude à l'intérieur duquel infusent des plantes médicinales. Il existe aux quatre coins du globe sous différents noms : le sauna vaginal, le sauna de l'utérus, le yoni steam, le v steaming, le chai yok, los bajos… C'est un soin de bien-être holistique, dans lequel le contact de la vapeur d'eau et l'enveloppement des plantes médicinales agissent comme un baume sur le corps pour pacifier, nettoyer et guérir vos blessures intimes. Il apporte instantanément une grande détente, un afflux de vitalité et une élimination du stress. Il est également utilisé pour prévenir et soulager les différents troubles et inconforts liés à la santé de l'utérus, aux menstruations, à la fertilité et à la sexualité.

Les bienfaits et contre-indications

- **J'apporte de la douceur à mon sexe** et à mon utérus.
- **Je renoue avec mon intimité** et ma nudité et prends confiance en moi.
- **Je nettoie les blessures de mon passé** pour faire de la place à mes nouvelles envies et à mes désirs.

Les précautions et contre-indications sont les mêmes que pour un hammam. Le yoni spa est déconseillé pendant les règles, il est proscrit pendant la grossesse et il est interdit en cas de plaies, mycoses et infections vaginales. Si vous portez un stérilet ou avez le moindre doute sur la pratique, n'hésitez pas à demander l'avis de votre médecin. Vérifiez TOUJOURS la température de l'eau avec vos mains pour ne pas brûler vos muqueuses. En cas de brûlure, posez un gant imbibé d'eau tiède (15 °C) pendant 10 min sur vos parties intimes.

Quand et combien de temps ? Prévoyez une séance 1 fois par mois, idéalement avant les menstruations, durant 5 à 15 minutes. Ne pas dépasser la fréquence et la durée indiquées pour ne pas déséquilibrer votre flore vaginale.

Préparation

Vous aurez besoin d'un bol ou d'un saladier contenant 2 litres d'eau chaude, d'une poignée d'une ou plusieurs plantes biologiques à infuser (lavande, rose, camomille, feuilles de framboisier, achillée millefeuille, basilic), d'une serviette pour vous entourer le bassin et réguler l'effet de sudation (ouvrez ou fermez votre serviette pour plus de fraîcheur ou de chaleur), d'une autre serviette à poser au sol et de coussins pour soutenir vos genoux.

Quelles plantes pour quel trouble ?

Créez vos propres mélanges en fonction de vos besoins…

Les boutons de rose séchée : pour apporter douceur, amour de soi et calmer le stress.
Les fleurs de lavande : pour réduire les douleurs liées au cycle menstruel et apaiser le mental.
Les boutons de camomille : pour décompresser, relâcher les tensions du corps et tranquilliser un mental agité.
Les feuilles de framboisier : pour réduire les douleurs liées au cycle menstruel et reminéraliser.
Les parties aériennes de l'achillée millefeuille : pour réguler les hormones féminines.
Les feuilles de basilic : pour réduire les ballonnements, les gaz et apaiser les troubles digestifs.

Ma séance de yoni spa

Mettez votre eau à bouillir et laissez infuser vos plantes 5 à 10 minutes. Placez votre serviette sur le sol, enroulez vos jambes et bassin nus dans votre serviette. Installez-vous au-dessus de votre récipient chaud à genoux ou bien couchée vers l'avant, le bassin surélevé. Relaxez-vous et profitez de ce moment cocooning rien que pour vous, tant que la chaleur reste agréable.

Pour être sûre de ne pas brûler vos muqueuses, vérifiez toujours la température de l'eau en passant vos mains et vos poignets au-dessus de votre récipient d'eau chaude. La peau de vos poignets étant très fine, cela vous permettra de vérifier la température et de commencer la pratique en toute confiance.

Pour finir…

Essuyez les gouttes d'eau sur votre vulve et sur vos jambes et allongez-vous sur le sol pendant quelques minutes. Remerciez votre utérus pour ce soin, remerciez-vous pour le temps que vous vous accordez, remerciez l'eau et les plantes de vous avoir accompagnée. N'hésitez pas à prendre un petit carnet pour noter les images et idées qui vous seraient venues pendant le soin. Pensez à bien vous hydrater après la séance. Vous pouvez aller répandre l'eau et les plantes utilisées dans la nature, ou bien les évacuer dans les toilettes.

CHAPITRE 3

MIROIR MON BEAU MIROIR !

Miroir, mon beau miroir, dis-moi qui est la plus belle ? L'amour de soi s'inscrit dans une nouvelle vision du monde et de la vie : il s'agit de vous regarder en face, dans les yeux, loin des filtres d'un smartphone ou d'Instagram... Ce nouveau chapitre vous donne des clés pour explorer les sentiers de votre vie et guérir vos blessures. Entrez dans vos profondeurs pour transcender vos richesses et transmuter vos parts d'ombre. Place au shadow work pour faire vibrer avec conscience et tendresse le mantra du Self-Love : « Je suis là, je me vois & je m'aime. »

Qui suis-je ?

Ah, cette fameuse question existentielle digne d'un sujet de philo de baccalauréat ! Difficile d'y répondre. Pourtant, se pencher sur le sujet est indispensable pour vivre une vie en alignement avec sa nature profonde. Tant de personnes ne se plaisent pas dans leur travail, leur maison, leurs relations et ne se sentent pas au bon endroit. Partir à la quête de soi va vous aider à trouver votre voie et à la suivre avec sérénité.

À la découverte de mon identité

Savoir qui l'on est : la quête de toute une vie ! Il s'agit d'un processus dans la construction de soi, un long chemin d'exploration où chaque petit pas vers soi compte... L'identité de chacun est la pulsion de vie en soi, celle qui pousse à révéler sa manière unique d'être au monde. Votre identité c'est d'abord ce qui vous représente, ce qui fait que vous êtes vous, un être unique et différent des autres, capable de poser ses limites et de vivre en harmonie avec le monde.

Qu'est-ce qui constitue mon identité ?

Lorsque vous devez vous présenter, votre belle individualité est bridée : vous donnez votre nom, votre genre, votre profession, vos origines, votre signe astro... autant

d'étiquettes qui vous rattachent à des catégories sociales, à des communautés dans lesquelles vous avez grandi ou auxquelles vous pensez appartenir.

Bien que ces informations vous aident à interagir dans la société, elles proposent une réponse incomplète, qui reste en surface. La construction identitaire est à la fois l'appartenance au groupe mais également ce qui fait de vous un être unique. Malheureusement, nombreuses sont les personnes qui cachent leurs différences pensant ainsi mieux s'intégrer au monde. Mais ça ne marche pas ! L'appartenance au groupe est aussi importante que votre différenciation par rapport à celui-ci. La balance d'un mouvement constant d'assimilation et de séparation essentiel à votre épanouissement. Vos différences sont des atouts, tout comme vos similitudes.

Quelques pistes de réflexion : répondez à ces questions pour définir ce qui est important pour vous et constitue ce que vous êtes.

- Qu'est-ce que vous pouvez faire pendant des heures à en perdre la notion du temps ?
  Par exemple : je peux me balader en prenant des photos pendant des heures.
  Ça, c'est vraiment moi... ....
- Quel est votre caractère ? En quoi ce caractère est-il un atout pour avancer dans la vie ?
  Ça, c'est vraiment moi... ....
- Pourquoi êtes-vous différente des autres ? En quoi cette différence est-elle une force ?
  Ça, c'est vraiment moi... ....
- Qu'appréciez-vous le plus dans votre vie actuelle ?
  Ça, c'est vraiment moi... ....
- Si vous saviez que vous alliez mourir demain, que feriez-vous de votre journée ?
  Ça, c'est vraiment moi... ....

La question du genre

Depuis des millénaires, notre société s'est appuyée sur un caractère binaire du genre : la polarité femme/homme. Aujourd'hui, les générations Y-Z bousculent les codes, revendiquent l'acceptation d'identités plus fluides et s'affranchissent du modèle hétéronormatif. La question du genre est centrale pour les jeunes qui prennent davantage conscience et beaucoup plus tôt que leurs aînés de l'existence des différentes possibilités en dehors des cases féminin/masculin. Face à cette réalité, il est important de construire, déconstruire ou reconstruire vos repères identitaires liés au genre.

Pour vous guider dans cette démarche et vous aider à y voir plus clair, voici un petit lexique 2.0.

- **Cisgenre** : Se dit d'une personne dont l'identité de genre masculin ou féminin correspond au sexe attribué à la naissance.
- **Non binaire** : Se dit d'une personne dont l'identité de genre ne correspond pas aux normes binaires de genre féminin/masculin. Cette personne peut se sentir entre les deux, un mélange des deux ou d'aucun genre (appelé « agenre »).
- **Genderfluid** : Se dit d'une personne dont le genre oscille entre le masculin et le féminin. Il s'agit d'une sous-catégorie de la non-binarité.
- **Transgenre :** Se dit d'une personne dont le genre ne correspond pas à celui assigné à la naissance, qui entame ou souhaite entamer un processus de transition sociale ou physique ou les deux.
- **Dysphorie de genre :** Illustre le stress, l'angoisse émotionnelle, le mal-être que ressent une personne lorsqu'elle n'est pas à l'aise dans le genre qu'on lui a attribué à sa naissance.
- **Queer :** À la fois mouvement politique et identification personnelle, ce terme renvoie à la déconstruction des normes et désigne l'ensemble des personnes qui n'ont pas envie de s'inclure dans des cases traditionnelles genrées et/ou soutiennent les minorités de genre.

Trouver vos repères et cultiver une ouverture d'esprit sur la question du genre va vous permettre de donner du sens à votre identité et de mieux comprendre celle des autres. Probablement qu'il existe autant d'expressions de genre qu'il y a d'êtres vivants, et c'est ce qui fait la richesse et la beauté du monde. C'est en s'ouvrant aux principes naturels de complémentarité et de différence que vous allez affirmer qui vous êtes et trouver le sens de votre vie et ce qui compte réellement pour vous.

Depuis 2010 il existe des pronoms inclusifs à la troisième personne : *iel*, *ielle* ou *yel*. Ils s'utilisent en français à la place des pronoms *il* et *elle*, soit pour désigner une personne dont on ne connaît pas le genre, soit pour désigner une personne non binaire.

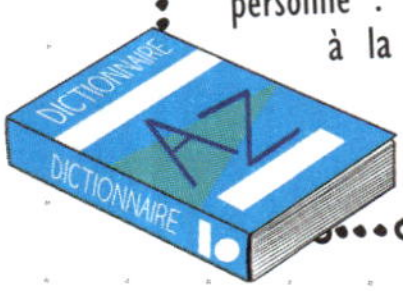

En quête de sens

Donner du sens c'est donner une direction à sa vie. Qu'est-ce qui est le plus important dans votre vie ? Pour quoi et pour qui vivez-vous ? Quelles sont vos valeurs fondamentales ? Répondre à cela va vous permettre de mettre de la cohérence entre ce que vous pensez, ce que vous dites et ce que vous faites, et de donner du sens à votre vie. Le lien entre ces éléments forme votre colonne vertébrale, elle vous construit et vous soutient.

Connaître ses valeurs pour se connaître

Meet your brain compass, la boussole intérieure de votre cerveau qui contient vos valeurs ! Celles-ci sont présentes en vous dans chacun des domaines de votre vie (personnel, professionnel, social). La particularité des valeurs c'est qu'elles sont individuelles et qu'elles se vivent : lorsque vous êtes en accord avec vos valeurs, vous ressentez de la satisfaction, une grande vitalité et êtes en lien avec les autres. À l'inverse, quand vous n'écoutez pas ou ne respectez pas vos valeurs, vous êtes frustrée, en manque d'énergie, voire en mauvaise santé. Vos valeurs sont donc des guides qui vous permettent d'évaluer ce qui a de l'importance à vos yeux et qui vous aident à faire des choix éclairés. Si vous n'avez pas conscience de leur existence, vous avancez à l'aveuglette dans la vie.

Identifier vos valeurs est l'une des clés pour développer l'estime de soi, clarifier vos projets, vous épanouir dans vos relations et dans votre travail… pour avoir confiance en vous, qu'importe le chemin emprunté. La direction que prend votre vie est liée à vos valeurs, découvrez-les ou redécouvrez-les sous un autre jour.

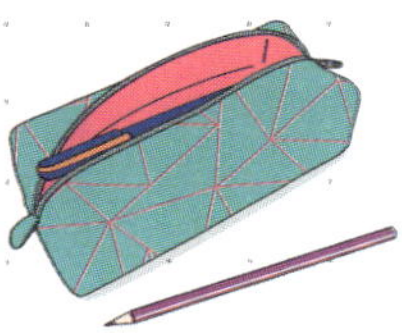

J'identifie mes valeurs

Entourez les valeurs qui vous correspondent, en répondant aux questions suivantes…

« Qu'est-ce qui est le plus important pour moi ? »
« Qu'est-ce qui me rend vivante et heureuse ? »
« Qu'est-ce que j'aime le plus ? »

1. Abondance
2. Adaptabilité
3. Altruisme
4. Ambition
5. Amitié
6. Amour
7. Authenticité
8. Beauté
9. Bienveillance
10. Calme
11. Clarté
12. Compassion
13. Compétence
14. Confiance
15. Confort
16. Conscience
17. Courage
18. Créativité
19. Découverte
20. Dépassement de soi
21. Dignité
22. Discipline
23. Diversité
24. Efficacité
25. Égalité
26. Élégance
27. Empathie
28. Engagement
29. Équité
30. Expérience
31. Expertise
32. Exploration
33. Famille
34. Foi
35. Force
36. Générosité
37. Gratitude
38. Harmonie
39. Honnêteté
40. Humilité
41. Indépendance
42. Joie
43. Justice
44. Lâcher-prise
45. Liberté
46. Indépendance
47. Originalité
48. Paix
49. Partage
50. Plaisir
51. Présence
52. Respect
53. Sagesse
54. Sécurité
55. Sérénité
56. Simplicité
57. Solidarité
58. Spiritualité
59. Transmission
60. Vision

Quelles sont les 10 valeurs les plus importantes pour vous ?

....

....

....

....

Réduisez cette sélection aux 5 valeurs les plus essentielles.

....

....

Soyez libre de revenir à cette liste et d'affiner vos choix. Certaines de vos valeurs vont évoluer avec le temps en fonction de vos besoins, de vos croyances et de vos expériences de vie.

Une même valeur n'a pas la même signification pour chacun : il est intéressant de clarifier la définition et le principe directeur que l'on donne à chacune. **Prenez un temps pour définir avec vos mots le sens de vos 5 valeurs.**

....

Pour les illustrer et montrer l'importance qu'elles ont dans votre vie, écrivez 3 souvenirs dans lesquels vos valeurs ont été nourries et respectées :

....

....

Dans quelles situations vos valeurs n'ont-elles pas été respectées ?

....

....

Vous n'êtes pas sûre de suivre le chemin de vos valeurs ? Sachez que vous pouvez le ressentir en premier lieu dans le corps : la respiration change, le cœur s'ouvre ou se ferme, des frissons vous parcourent… Puis ces ressentis sont suivis d'une émotion : colère, tristesse quand elles ne sont pas respectées ou au contraire joie si vous respectez vos valeurs fondamentales…

Vivre en harmonie avec mes valeurs

Vous l'aurez compris, soutenir vos valeurs va vous permettre de faire des choix conformes à vos aspirations profondes. Il vous appartient dorénavant de mettre votre vie au diapason de vos valeurs et de les utiliser comme leviers de motivation et vecteurs de joie.

Comment vivre en accord avec vos valeurs au quotidien ?

- À chaque fois que vous avez une décision à prendre, que vous êtes face à un choix, que vous avez un doute, posez-vous la question : la situation que vous vivez correspond-elle à vos valeurs ?
- Vous êtes en reconversion professionnelle, à la recherche de votre voie ou avez envie de donner un nouveau sens à votre vie ? Utilisez vos valeurs comme GPS. Trouvez une activité, une profession, un mode de vie qui correspondent à vos valeurs.
- Lorsque vous êtes fatiguée ou que vous avez un petit coup de mou, organisez une activité, faites une action qui correspond à vos valeurs pour vous redonner le sourire et de l'énergie. Pensez à programmer régulièrement des moments de plaisir pendant lesquels vos valeurs sont nourries. C'est en enrichissant ce processus que votre vie se remplira d'amour.
- Gardez en tête le principe de réalité : parfois il est nécessaire de faire des compromis avec vos valeurs. Le contexte parfait n'existe pas. C'est grâce à des valeurs claires dans votre tête que vous pourrez choisir de faire ces compromis en conscience et avec sérénité.

Une fois vos valeurs identifiées, la prochaine étape est de les faire respecter. Comment ? En posant vos limites.

Je pose mes limites pour me sentir en sécurité

Les limites constituent une démarcation entre ce qui est tolérable pour soi et ce qui ne l'est pas. Imaginez cela comme une bulle protectrice transparente qui vous entoure. Ainsi, lorsque cette zone est franchie, dépassée, brisée, cela crée des fuites d'énergie, de patience, de compassion, de confiance, etc. Vous êtes alors poussée dans vos retranchements, et vos valeurs ne sont plus respectées.

Un cadre sécuritaire

C'est tout un art de poser ses limites ! Pour le pratiquer, la première étape est de définir un cadre sain, cette fameuse bulle de protection dans laquelle vous êtes à l'aise, en sécurité pour vous déployer.

Inspirez-vous d'exemples pour remplir le tableau avec les limites que vous avez déjà fixées et qui sont bénéfiques pour vous. N'hésitez pas à revenir ultérieurement à cet exercice pour ajouter de nouvelles limites que vous souhaitez fixer.

Au fur et à mesure, vous allez repérer les domaines de votre vie qui méritent un cadre plus fort, vous allez réajuster votre quotidien en fonction de vos besoins, et alors votre sentiment d'empowerment va grandir, ainsi que votre niveau de respect envers vous.

	MES LIMITES…
EN FAMILLE	○ Je pose des limites à mon dévouement envers ma famille et m'autorise à sortir/partir en voyage sans mes proches. ○ Je ne laisse pas les non-dits et les secrets de famille sous silence et j'ose poser les questions, même dérangeantes, pour libérer la parole. ○ ....
AU TRAVAIL	○ Je ne réponds plus aux emails après 17 heures. ○ Je n'aide pas mes collègues si j'ai trop de travail. ○ ....
EN SOCIÉTÉ	○ Lorsque je suis fatiguée, je m'autorise à quitter une soirée même s'il est encore tôt. ○ Je ne laisse personne toucher mon corps sans mon consentement. ○ ....
EN COUPLE	○ Je pose le cadre d'une relation ouverte avec mon partenaire en établissant des règles claires. ○ Le partage des tâches ménagères est équitable. ○ ....
AVEC MOI	○ Je pose des limite aux sollicitations de mon téléphone et je prévois une détox digitale tous les vendredi après-midi. ○ Je pose des limites aux traumas que je peux gérer seule et je m'oblige à prendre rendez-vous avec ma psychothérapeute ou ma coach lorsqu'une situation me bloque ou que je suis déprimée. ○ ....

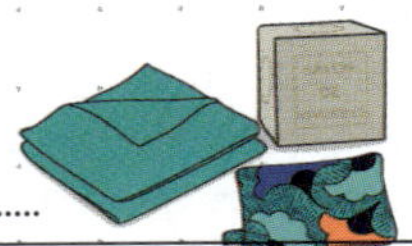

Le moment où mes limites sont franchies…

L'avantage de faire la lumière sur vos limites, c'est qu'elle vous offre une mesure objective, une vision globale et honnête de ce que vous vivez. Lorsqu'une personne dépasse les bornes, cela se manifeste dans le corps comme un avertisseur intérieur, une sorte de panneau « warning » invisible qui s'allume. Ce signal va déclencher chez vous une émotion souvent désagréable. Par exemple : vous avez les joues rouges et vous vous sentez humiliée lorsque votre patron vous montre du doigt en pleine réunion ; vous avez les larmes aux yeux et êtes triste quand vous constatez que l'on vous a menti ; vous transpirez et ressentez la peur lorsque vous découvrez que vous avez été cambriolée…

Le cadeau en prime : avec le temps, vous allez comprendre vos limites, mais aussi celles des autres, ce qui vous permettra d'agir avec calme et sérénité.

La sagesse de dire non

Votre patron décide de refaire le monde et lance un nouveau projet d'envergure un vendredi soir à 18 heures ; au resto votre plat est vinaigré alors que vous avez précisé « sans sauce » ; votre mère vous appelle toutes les 5 minutes et vous répondez sans rien dire. Combien de fois avez-vous accepté à contrecœur ? Combien de fois avez-vous dit oui alors que vous mouriez d'envie de dire non ? Apprendre à dire non est essentiel pour poser vos limites. C'est en cela que vous allez retrouver votre puissance personnelle et faire grimper le curseur de votre Self-Love.

Non aux bonnes manières, oui à l'authenticité

Enfant, on vous a appris les « mots magiques » : bonjour, merci, s'il vous plaît, désolée... Ils sont axés sur les codes sociaux que sont les bonnes manières, la politesse et la reconnaissance extérieure. Et puis, il y a eu ce cri du cœur, ce petit mot que vous avez dit de manière presque naturelle et spontanée : non. Cela vous a été indispensable pour vous affirmer, pour vous opposer et pour exister. À l'âge adulte, dire non est pour certains mission impossible et renforce le sentiment de culpabilité. Pourtant, avez-vous remarqué que dire oui à tout vous prend beaucoup d'énergie, de temps et est source de contraintes ? Dire non, ça s'apprend !

3 tips pour dire non

▻ Un non bref est de loin le plus efficace. Évitez les excuses à rallonge, vous n'avez pas à vous justifier de tout.

▻ Pour ne pas répondre à chaud de peur de céder, demandez à donner votre réponse ultérieurement.

▻ « Merci d'avoir pensé à moi, mais je ne peux pas. » Formulez un non reconnaissant et bienveillant mais ferme.

Au cœur de mes émotions

Vos émotions sont-elles prêtes à exploser comme une Cocotte-minute en surchauffe ou bien sont-elles refoulées et mises sur le banc de touche ? « J'ai ravalé ma colère, j'ai du mal à digérer, je serre les dents, j'ai des crampes dans le ventre, etc. », ça vous parle ? Ce sont vos émotions non exprimées qui créent des tensions dans votre corps et attendent d'être libérées. Plonger au cœur de vos états émotionnels est une étape essentielle pour faire le bilan de vos besoins, les respecter et faire pétiller d'amour votre vie. Feel your emotions !

Les émotions, c'est quoi ?

Il s'agit d'une réaction corporelle courte et intense qui répond soit à un stimulus extérieur – une porte qui claque (surprise, peur) –, soit à un déclencheur intérieur – la pensée de voir l'être aimé (joie, excitation). Il s'agit d'un réflexe spontané qui entraîne des réactions physiologiques agréables ou désagréables...

La chronologie émotionnelle

Pour savoir comment fonctionnent vos émotions et quels impacts elles ont sur vous, observez leur manifestation. Connaître ce qu'il se passe avant, après et pendant l'apparition d'une émotion est intéressant pour comprendre comment vous la ressentez et comment l'utiliser à bon escient. Ensemble, remontons à la racine de vos émotions pour en repérer les éléments déclencheurs et pour distinguer l'impact qu'elles ont sur vous.

Comment se manifeste une émotion ?

Une émotion est comme une vague qui monte et qui descend. Elle naît d'un stimulus intérieur ou extérieur et est transmise au cerveau limbique (le cerveau émotionnel). Celui-ci déclenche une réaction physiologique qui entraîne un comportement réactif, que l'on appelle la décharge émotionnelle.

Pour chaque émotion ci-contre, observez ce qu'il se passe avant et après !

Qu'est-ce qui vous amène à vivre cette émotion et quelle action allez-vous enclencher en réaction ? Les stimuli peuvent être déclenchés par une pensée, un événement, une personne…

L'intelligence émotionnelle

Une fois que vous aurez appris à identifier et à décrypter vos émotions vous allez pouvoir les réguler, raisonner avec elles et transformer vos réactions. Vous avez la possibilité de modifier la façon dont se manifestent vos émotions et de les faire évoluer vers une forme plus douce, plus apaisée, plus joyeuse. Vous ne pouvez pas forcément agir sur les circonstances extérieures mais vous pouvez choisir les actions et les pensées qui accueillent vos émotions. Ainsi, au lieu de nourrir vos contrariétés et vos réactions compulsives (besoin irrépressible de combler un vide, de fuir à toutes jambes devant ce qui nous fait peur, etc.), vous pouvez délibérément choisir de tourner votre attention vers ce que vous aimez, ce que vous désirez et ce vers quoi vous souhaitez vous diriger.

3 solutions en cas de réaction émotionnelle trop forte

▷ **Ciao ! Je quitte l'espace où je suis et m'éloigne des éléments à l'origine de mon mal-être.** Je sors et vais marcher quelques minutes pour respirer l'air frais et retrouver une respiration plus tranquille.

▷ **Je pratique la respiration « black & white ».** Je m'assois, je ferme les yeux et je visualise à chaque inspiration par le nez une lumière blanche lumineuse qui vient me purifier. À l'expiration par

QUAND…	JE RESSENS…	ET JE…
je suis seule	de la tristesse	mange un pot de glace
j'ai un examen médical à passer	de l'anxiété	me ronge les orgles
je suis victime d'injustice	de la colère	me mets à crier sur les gens
je suis seule chez moi	de la peur	m'enferme dans la salle de bains et me mets en boule dans la baignoire
	de la honte	
	du dégoût	
	de l'insécurité	
	de la culpabilité	
	de la tristesse	
	de l'anxiété	
	de la colère	
	de la peur	

la bouche, je visualise une énergie noire qui contient toutes mes tensions, mes douleurs, mes blocages. Le temps de plusieurs cycles de respiration, j'inspire de la lumière blanche et j'expire de l'énergie noire pour me détendre et me délester des émotions négatives.

▻ **Je mets les pouces !** Pour faire retomber une émotion très forte et baisser ma tension nerveuse, je masse plusieurs points réflexes sur mes mains. Avec la pulpe de mon pouce, je masse la paume de mon autre main puis j'alterne. Cela calme mon mental (zone du cerveau sur le pouce), apaise mon ventre (le cerveau émotionnel) et détend mon plexus solaire (zones réflexes sur ma paume de main).

Une fois que vous avez pris conscience du processus que vous avez mis en place par habitude, vous pouvez décider de changer cette réaction émotionnelle inappropriée (faire une crise, m'inquiéter outre mesure, etc.) en la remplaçant par de nouveaux mécanismes et attitudes qui vous font du bien. Remplissez le tableau ci-contre !

L'escargot de mon bien-être

Si vous manquez d'inspiration, on vous propose de jouer à « l'escargot du bien-être » qui contient des activités feel-good vers lesquelles vous tourner lorsque vous vous sentez sous tension et que vous avez juste besoin de faire une pause plutôt que de surréagir face à une situation délicate.

Le principe ? Vous avez le choix : déplacez-vous jour après jour sur la grille depuis la position précédente en lançant un dé ou bien faites toutes les propositions de l'escargot jour après jour au gré de vos envies. L'activité détente du jour sera le moyen idéal pour prendre du recul et éviter la surchauffe émotionnelle. Lorsque vous arrivez sur la case « cœur » (avec le dé ou lorsque vous avez parcouru toutes les activités), offrez-vous un petit cadeau, un geste plein d'amour et de bienveillance rien que pour vous.

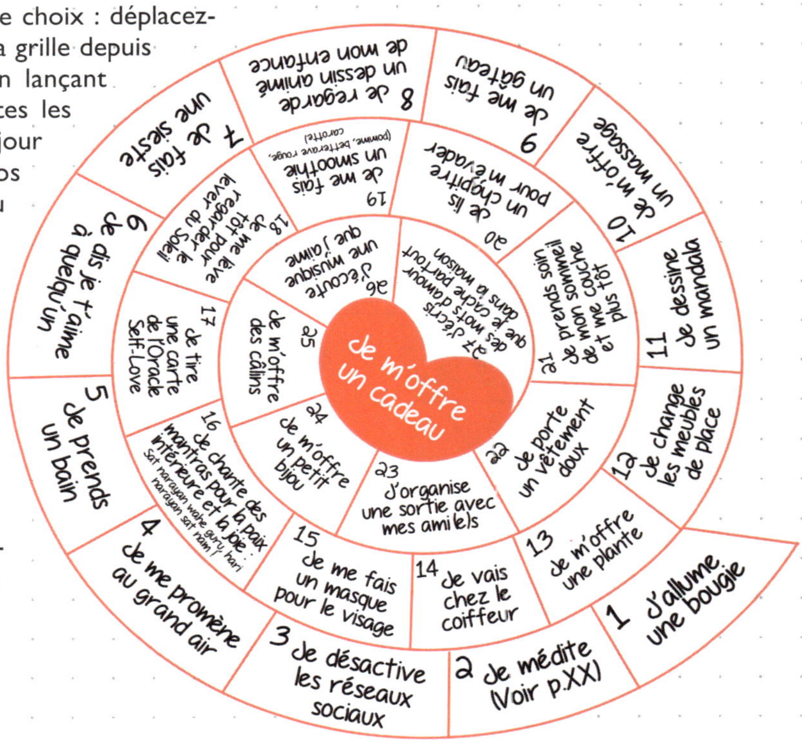

AU LIEU DE...	QUAND JE RESSENS	JE...
manger un pot de glace	de la tristesse	téléphone à un·e ami·e
me ronger les ongles	de l'anxiété	tire une carte de l'oracle Self-Love
crier sur les gens	de la colère	sors prendre l'air quelques minutes
m'enfermer dans la salle de bains	de la peur	appelle un proche pour me sentir en sécurité
	de la honte	
	de l'impatience	
	du dégoût	
	de l'insécurité	
	de la culpabilité	
	de la tristesse	
	de l'anxiété	
	de la colère	
	de la peur	

Mon programme d'exploration émotionnelle

Pénétrez au cœur de vos émotions avec une approche qui ne prend que quelques minutes par jour. Cette méthode d'observation de vos émotions nommée le « tracker cycle », alignée sur les mouvements de votre cycle physiologique interne, va vous permettre d'accueillir les changements dans votre vie. Nous avons vu précédemment que vous étiez traversée par un grand nombre d'émotions dans la journée. Et si certaines de vos émotions revenaient de manière cyclique ? Voire étaient présentes tous les jours ?

J'utilise un tracker cycle

Chaque jour, amusez-vous à identifier les émotions qui vous traversent. Cochez toutes les émotions que vous avez ressenties dans la journée. Vous pouvez remplir votre tracker cycle à n'importe quel moment, le matin ou le soir après avoir rempli vos three tops par exemple (voir p. 65).

Mon tracker cycle : dans quelle énergie suis-je aujourd'hui ?

Pour chaque colonne (correspondant à chacun des 31 jours du mois), inscrivez la saison, la lune et la phase du cycle correspondante, puis cochez la ou les émotions éprouvées dans la journée.

DATE / MON TRACKER CYCLE	1	2	3	4	5	6	7	8	...	30	31
Cycle saison ○ Hiver ○ Printemps ○ Été ○ Automne											
Cycle lunaire ○ Nouvelle ○ Croissante ○ Pleine ○ Décroissante											
Cycle menstruel ○ Pré-ovulation ○ Ovulation ○ Pré-menstruations (avec syndrome prémenstruel) ○ Règles											

Téléchargez vos futures grilles de tracker cycle sur : https://www.naiadis.com/mon-cahier-self-love

Mon tracker cycle / Date	1	2	3	4	5	6	7	8	...	30	31
Bien dormi											
Rêves intenses											
En pleine forme											
Besoin d'action											
Productive											
Confiance en moi											
Impatiente											
Libre											
Sociable											
Frustrée											
Empathique											
Tête en l'air											
Bavarde											
Joyeuse											
Belle											
Attentionnée											
Amoureuse											
Susceptible											
En colère											
Seule											
Créative											
Spirituelle											
Critique											
Râleuse											
Triste											
Séductrice											
Fatiguée											
Intuitive											
Besoin d'être seule											
Zen											

Comment l'interpréter ?

Ce tableau que vous remplissez chaque jour est très précieux, riche en informations pour mieux vous connaître.

Après un mois d'utilisation, vous remarquerez que vous vivez différentes émotions tout au long de la journée et du mois ; elles peuvent être confortables ou inconfortables, ne vous y attachez pas : observez simplement les changements et les variations.

Après trois mois, vous constaterez que certaines caractéristiques de votre liste reviennent régulièrement à la même période de votre cycle, du cycle lunaire ou de l'année. Vous pouvez utiliser ces informations pour organiser votre agenda. Par exemple : évitez d'organiser des événements aux périodes où vous avez envie d'être seule ; planifiez vos tâches administratives lorsque vous êtes plus productive (voir chapitre sur le cycle féminin p. 73).

Comment faire lorsque certains ressentis reviennent quasiment quotidiennement ? S'il s'agit d'une émotion agréable (joie, excitation, etc.), profitez-en et surfez sur les bénéfices de vos sensations (vitalité, motivation, enthousiasme, inspiration, etc.). Si, au contraire, vous constatez qu'un état désagréable revient trop souvent : analysez la façon dont se manifeste votre état émotionnel (comme expliqué p. 52).

Mes ombres et mes lumières

Nous vivons dans un monde de polarités. Ainsi le jour ne peut exister sans la nuit, le chaud sans le froid, la vie sans la mort… Qu'en est-il de nos polarités personnelles ? Osons-nous les montrer ? La réponse est trop souvent non ! Nous avons appris à cacher, à museler et refouler notre côté dark pour ne montrer que le positif. En reniant certaines parties de nous, une division intérieure et des conflits inhérents à notre nature se sont formés. Dans ce chapitre, nous allons dépoussiérer, accueillir et réunir nos ombres et nos lumières pour devenir une et entière !

Work your light !

Vous pouvez explorer le monde de mille et une façons mais votre essence ou votre âme, bref ce que vous êtes fondamentalement, a choisi de venir expérimenter la vie avec une palette de forces, de potentiels, de qualités dont vous seule détenez le secret. Montrez votre lumière !

Ma « reverse bucket list »

Comme beaucoup de monde, vous avez peut-être une bucket list des choses que vous aimeriez faire un jour. Des projets pour un futur proche ou lointain dont vous rêvez… Cette liste est à la fois stimulante et déprimante suivant votre humeur du jour.

Alors, on vous propose de découvrir la « reverse bucket list » que l'on peut traduire par « la liste des choses accomplies ». Ce sont tous les moments, les souvenirs des expériences que vous avez vécues. C'est un exercice très plaisant pour vous rendre compte de vos réussites, de vos forces et de votre courage. Il permet de valoriser vos expériences passées et d'observer la ligne directrice de ce qui a de l'importance pour vous.

Comment je m'y prends ?

Plutôt que de regarder ce que vous n'avez pas (encore) fait, ce qui peut vous paraître inaccessible et de l'ordre du rêve, écrivez plutôt la liste de toutes les choses merveilleuses que vous avez accomplies ces dix dernières années.
Mettez-y des détails et les sensations que vous avez ressenties. Aujourd'hui, que vous évoquent ces souvenirs et que disent-ils de vous ?

Je liste 20 de mes qualités

On connaît souvent très bien nos défauts, mais beaucoup moins nos qualités. Pas terrible pour l'estime de soi ! Que ce soit d'un point de vue affectif, intellectuel, relationnel, créatif ou physique, nous avons toutes des qualités, encore faut-il les reconnaître.

Comment je m'y prends ?

Faites la liste de vos 20 atouts pour renforcer votre confiance en vous. N'hésitez pas à demander de l'aide à vos proches. Demandez-vous ce que vous faites bien, ce qui vous rend unique, utile, ce qui vous rend fière… Conservez votre liste, relisez-la, modifiez-la et exploitez-la pour réussir ce que vous entreprenez.

Quels sont les freins à mon épanouissement personnel ?

It's time for shadow work ! Si vous êtes ici, c'est que vous êtes prête à entamer « le travail de l'ombre ». C'est en observant vos mauvais patterns (« schémas ») que vous pourrez vous libérer de vos chaînes. Dans une quête d'amour de soi, il est nécessaire de mener une petite enquête sur ce qui vous empêche de faire vibrer l'amour de tous les côtés. On vous accompagne dans ce processus de guérison pour qu'il n'y ait plus d'ombre au tableau.

Zoom sur mes peurs

La peur est une émotion qui fait partie intégrante de nos vies individuelles et collectives. Il est naturel et utile d'avoir peur lorsqu'on est face à une situation dangereuse. Cela permet de réagir efficacement, d'avoir la force nécessaire et les réflexes pour se protéger. Cependant, la plupart de nos peurs ne représentent aucun danger immédiat, elles fatiguent notre système immunitaire et nous fragilisent. Le cerveau ne sait pas faire la différence entre un danger réel et un danger imaginaire. Il réagit de la même manière en envoyant un message aux glandes surrénales qui produisent alors l'adrénaline nécessaire pour agir et se protéger. Si les glandes surrénales sont activées trop souvent sans raison, elles se fatiguent et réagissent moins bien lors de la présence d'un vrai danger. C'est ainsi qu'une personne en arrive à paniquer, à devenir impuissante devant une situation menaçante.

Prenez chacune de vos peurs et décortiquez-les en répondant à ces questions…

- De quoi ai-je peur ?
- Quand cette peur s'est-elle manifestée pour la première fois ?
- Qu'est-ce qui peut m'arriver de pire dans cette situation qui génère de la peur ?
- Est-ce que je suis sûre à 100 % que cela se passerait comme ça ?
- Si je sors de ma zone de confort et affronte ma peur, qu'ai-je à y gagner ?
- Et si je remerciais ma peur d'avoir été présente pour me protéger et décidais en conscience de la laisser partir pour m'en libérer ?

Par exemple : « J'ai peur du vide ! »

La situation : je me souviens d'avoir fait tomber ma peluche du haut de la tour Eiffel et de l'avoir perdue à tout jamais. Depuis, j'ai peur moi aussi de tomber et de disparaître. Je suis quasiment sûre que cela n'arrivera pas, mais mon inconscient se dit : « On ne sait jamais… »

La solution ? Et si je sortais de ma zone de confort et allais sur ce rooftop pour profiter du coucher de soleil et de la vue imprenable ? Je remercie ma peur du vide de m'avoir protégée pendant toutes ces années, mais j'ai envie de prendre de la hauteur et d'admirer la vue comme tout le monde. Je m'en libère !

Bravo pour votre travail d'introspection et d'humilité à la rencontre de vos peurs !

Vous pouvez être fière de vous ! En regardant vos peurs en face, vous gagnez en confiance, et elles perdent de l'importance. Clôturez le processus en réalisant le rituel de libération de vos peurs (voir l'exercice de la guirlande rouge, p. 61) et offrez-vous des moments de douceur en parcourant « l'escargot de mon bien-être » (p. 54) !

Vous êtes le meilleur médecin pour vous-même !

Créez votre propre prescription d'amour avec des activités et des moments réparateurs qui vous font du bien. Vous êtes celle qui vous connaît le mieux, alors faites-vous confiance ! En cas de coup de blues, suivez les recommandations de la guérisseuse que vous êtes !

Guérir de mes blessures profondes

Continuez votre travail d'introspection en observant vos blessures du passé qui sont à l'origine du désamour présent. Lorsque vous vivez une expérience traumatique, elle laisse une empreinte dans votre corps et dans votre esprit. La mémoire traumatique peut être déclenchée par des pensées, des sensations, des situations qui rappellent de manière consciente ou inconsciente des événements douloureux du passé. Je vous propose de désamorcer vos petites bombes intérieures pour vous libérer de vos blessures et marcher vers votre liberté.

Identifiez les blessures que vous avez vécues

- ○ J'ai été abandonnée.
- ○ Je me suis sentie trahie.
- ○ J'ai été rejetée.
- ○ J'ai été violentée, agressée.
- ○ J'ai été humiliée.
- ○ J'ai été victime d'injustice.

Lorsque vous vous sentirez prête, racontez l'histoire de chacune de vos blessures en mettant des mots sur vos maux…

- ○ Dans quelles circonstances cette blessure est-elle survenue ? Quand ? Par qui/avec qui ?
- ○ Quelles traces de cette blessure avez-vous gardées en vous ?
- ○ Vous sentez-vous responsable de ce qui s'est passé ? Pourquoi ?
- ○ Comment serait votre vie si vous vous débarrassiez de cette blessure ?

Les blessures sont souvent associées à une peur : celle que l'événement se reproduise. Difficile à croire, mais votre corps a créé cette peur pour vous protéger. Lorsque vous serez prête à vous libérer de cette blessure et de la peur qui y est associée, reportez-vous aux pages précédentes pour décortiquer votre peur et terminez par le rituel de libération ci-dessous.

Rituel de « la guirlande rouge » pour me libérer de mes peurs et de mes blessures

Ce rituel permet de lever les freins à votre épanouissement personnel et à tout ce qui vous entrave. Il est temps de vous libérer !

Matériel

Vous avez besoin d'un long cordon ou d'un fil de laine rouge, de petits papiers, d'une paire de ciseaux, d'un récipient/cheminée pour brûler les éléments.

Comment faire ?

Dans un moment de calme, écrivez sur des petits papiers vos peurs, vos blessures, vos croyances limitantes, vos nœuds dans le ventre (un par papier) et attachez-les sur la corde jusqu'à former une petite guirlande. Faites des nœuds simples, des doubles, des triples – autant de nœuds que vos tensions vous pèsent – et serrez très fort. Observez les tensions, le raccourcissement du cordon, observez votre histoire passée qui n'a plus lieu d'être et qui vous pèse. Accrochez votre guirlande quelques heures, quelques jours, quelques mois jusqu'à sentir qu'il est temps de vous débarrasser de ce poids sur vos épaules. Prenez votre guirlande et coupez chaque nœud à l'aide des ciseaux, puis brûlez tous ces bouts de laine et de papier en répétant : « Je suis libérée de mon passé. »

Je me reconnecte à ma petite fille intérieure

Dans les années 1940 en Europe, des médecins et psychanalystes – comme les éminentes Maria Montessori et Françoise Dolto – ont posé les premières pierres d'une véritable révolution de la pensée concernant l'enfant, qu'ils considèrent comme une personne au même titre que l'adulte. À la même époque, le psychanalyste Carl Gustav Jung invente le concept d'enfant intérieur en expliquant *« qu'il y a dans l'adulte un enfant vivant, un enfant éternel toujours en état de devenir, jamais terminé, qui a besoin constamment de soins, d'attention et d'éducation »*. Depuis quelques années, la notion d'enfant intérieur fait son chemin dans le développement personnel et a été reconnue dans les neurosciences.

Qu'est-ce que l'enfant intérieur ?

Il s'agit de la mémoire de vous, enfant, qui est toujours en vous. Votre histoire, vos blessures, vos accidents de la vie ont pu vous amener à vous couper de la petite fille que vous avez été et qui vit toujours à l'intérieur de vous et se manifeste parfois à travers des réactions, des comportements, des besoins, etc. C'est en acceptant de tendre les bras à votre part d'enfance que vous pourrez renouer avec votre capacité à aimer, à rire et à vous émerveiller.

Ma visualisation pour me reconnecter à mon enfant intérieure

Préparation

Commencez par réunir des photos de vous enfant, qui vous attendrissent, que vous aimez bien. Cette étape peut être étalée sur plusieurs jours ou semaines.

Durée : 20 minutes, à faire quand vous voulez.

En pratique

1. Prenez l'une de vos photos dans vos mains et allongez-vous dans un endroit calme. Respirez profondément et imaginez un faisceau de lumière blanche qui relie votre cœur à votre photo. À chaque respiration, ce lien lumineux grandit et rayonne un peu plus.
2. Tout en gardant cette sensation présente, ouvrez les yeux et plongez-vous dans l'observation de votre photo : regardez chaque détail, chaque couleur, connectez-vous à la petite fille et à ce lieu.

3. Quand cette image est devenue très vivante, fermez à nouveau les yeux et visualisez-la comme une scène en 3D. Le lieu est maintenant en taille réelle avec la petite fille de la photo devant vous.
4. Observez-la : que fait-elle ? Où est-elle ? Est-elle calme ? Heureuse ? Comment la ressentez-vous ? Et vous, que ressentez-vous en l'observant ?
5. Puis approchez-vous doucement de la petite fille avec l'intention d'aller à sa rencontre. Vous voit-elle ? Que se passe-t-il entre vous ? Que vous dit-elle ? Et vous, lui parlez-vous ? Vous êtes maintenant dans la scène de votre enfance avec elle. Soyez à l'écoute de ce qui vient de l'enfant et de ce qui vient de vous. Peut-être jouez-vous avec elle, peut-être y a-t-il une forme de timidité entre vous… tout est juste, accueillez simplement. Prenez le temps de vivre ce que vous avez à vivre toutes les deux.
6. Quand vous sentez que la rencontre touche à sa fin, dites-lui au revoir et remerciez-la pour cette rencontre. Éloignez-vous de la scène et voyez-la diminuer jusqu'à reprendre sa taille sur la photo. Revenez, allongée dans votre espace. Respirez profondément et laissez peu à peu le faisceau de lumière s'estomper.
7. Restez éventuellement quelques minutes en silence et ouvrez les yeux.

Et après ?

Prenez le temps d'autres rencontres avec la même photo ou une autre et instaurez un dialogue entre vous. Vous allez, avec le temps, vous apprivoiser, et vous pourrez lui poser toutes les questions que vous souhaitez.

Lorsque vous repérez une blessure, une croyance, une souffrance chez l'enfant, il est important de la rassurer, de lui dire que vous êtes avec elle, présente, et qu'elle peut se sentir en sécurité. Dites-lui qu'elle peut s'exprimer librement avec vous et que vous serez toujours là pour la protéger. Ensemble, vous allez poser des gestes aimants qui réconcilieront les pensées de l'adulte avec les besoins de votre enfant intérieure.

Lorsque la séance est terminée, rappelez-vous que vous pouvez faire les exercices d'analyse et de libération de votre *Cahier Self-Love*. Vous pourrez éventuellement raconter cette démarche à votre petite fille intérieure lors d'une prochaine rencontre.

Je me réconcilie avec moi-même

Votre *Cahier Self-Love* est un outil pour entendre les secrets de vos souffrances et vous en libérer. En pratiquant les exercices et rituels proposés, rien que pour vous, vous vous rapprochez de vous-même avec conscience et sollicitude.

Bravo pour le chemin parcouru jusqu'ici ! À votre rythme, vous cheminez vers une réconciliation avec vous-même et vous vous offrez des racines et des ailes.

La voie de la bienveillance

La bienveillance est une précieuse alliée personnelle et collective. Tout est déjà dit dans le mot : veiller au bien-être, le sien et celui des autres. La bienveillance est un équilibre entre la disponibilité, la présence et la réceptivité. Pour être au plus proche de la joie, il est nécessaire d'accepter votre réalité sans y porter de jugement, de rééquilibrer la balance entre donner et recevoir et ainsi de cultiver votre gratitude.

L'art de donner et de recevoir

Les concepts de « donner » et de « recevoir » font partie des cycles naturels de la vie. Si l'un des pôles vient à se bloquer ou à prendre une place exagérée, c'est tout l'édifice qui est affecté. Nous sommes parfois plus à l'aise avec l'un qu'avec l'autre. Cela prend naissance dans les actes de générosité que nous avons reçus dans notre vie et dans l'adage bien connu qu'il faut donner pour recevoir. Et si, pour rééquilibrer les deux polarités de cette énergie circulante, il fallait réapprendre à recevoir pour donner sainement ?

Souvenez-vous : le bébé se développe dans le ventre de sa mère via le cordon ombilical. Pendant neuf mois, il reçoit les nutriments nécessaires à son développement. À sa naissance, il reçoit le lait nourricier et les soins apportés par ses parents pour sa survie.

Tout comme la plante qui a besoin d'être nourrie d'eau, de soleil et de nutriments, le bébé a besoin de recevoir pour se donner à la vie. Au cœur de votre expérience d'abondance et de bienveillance, recevoir est un acte d'amour de soi dans lequel vous vous permettez d'être touchée, de lâcher prise et de nourrir vos besoins.

Recevez-vous autant que vous donnez ? Cochez les cases qui vous correspondent !

- ☐ Êtes-vous mal à l'aise quand vous recevez un cadeau ?
- ☐ Faites-vous passer votre entourage ou votre travail avant vous ?
- ☐ Est-ce que vous faites tout pour ne pas avoir à demander de l'aide ?
- ☐ Vous sentez-vous redevable lorsque l'on vous rend service ?
- ☐ Vous considérez-vous comme une personne généreuse ?

Vous avez coché une ou plusieurs cases ?

Vous donnez beaucoup et n'êtes pas à l'aise avec l'idée de recevoir. Il vous faut remettre en route le cycle « recevoir et donner ». Pour cela, entrez dans le monde bienveillant de la gratitude et prenez conscience de tout ce que vous recevez actuellement.

Je cultive la gratitude

La gratitude est une émotion positive déclenchée par votre reconnaissance envers les autres, les événements et les choses que vous aimez. C'est la capacité à prendre conscience de ce que vous recevez, à l'apprécier et à savoir dire merci à la vie. La gratitude n'est pas un merci

de convenance, un automatisme ou une politesse. Il s'agit de savourer les petits et grands bonheurs de la vie quotidienne et de rendre grâce pour ces instants qui vous rendent heureuse.

Les bienfaits de la gratitude

Cultiver votre gratitude booste votre santé mentale et physique tout en renforçant votre système immunitaire. Pourquoi ? Les neurosciences nous confirment que ressentir et témoigner sa gratitude déclenche un cocktail chimique (neurotransmetteurs + hormones) dans notre cerveau qui envoie des informations de bien-être et de détente dans tout le corps. Ainsi, ressentir et témoigner votre gratitude a une action sur votre organisme, améliore votre sommeil, réduit votre stress et augmente votre plaisir.

Le top 3 de mes gratitudes

On vous invite à réaliser en conscience l'exercice bien connu des 3 gratitudes de votre journée. Chaque matin ou soir, consignez dans un petit carnet 3 idées, 3 souvenirs, 3 plaisirs de la journée écoulée. Penchez-vous sur les bienfaits du jour et notez-les. Observez le positif dans votre vie, souvenez-vous des moments qui comptent et, avec le temps, vous pourrez constater que la vie vous fait de nombreux cadeaux.

Par exemple…

1. Je suis reconnaissante envers moi-même d'avoir quitté plus tôt le travail pour aller voir cette expo.
2. Je suis pleine de gratitude pour ce jus de légumes délicieux et sain que je me suis préparé.
3. Je remercie Flavie pour le fou rire partagé ce matin.

À vous !

1. ....
2. ....
3. ....

Le pouvoir guérisseur du pardon

Nous avons toutes été blessées, nous avons toutes vécu des moments difficiles et traversé des épreuves. Ce qui nous différencie, c'est la manière dont nous les avons appréhendés. Vous avez repéré dans le chapitre précédent les freins à votre épanouissement personnel ; il reste une marche à franchir vers la guérison : l'étape du pardon. Pardonner ne signifie pas oublier, se résigner ou approuver. Il s'agit d'une guérison libératrice pour lâcher prise par rapport au passé et enfin vivre dans le présent. Si on ne (se) pardonne pas, les émotions négatives s'installent dans le corps et

bloquent l'accès à l'amour inconditionnel. Pour vivre le cœur plus léger et guérir de vos blessures, dans une énergie haute et vibrante, il est important de recevoir le pardon et de le donner. Pardonner est une méthode de guérison pour vous donner accès au Self-Love et à l'amour inconditionnel.
Après avoir écrit le top 3 de vos gratitudes (voir p. 65), prenez le temps d'écrire à qui vous souhaitez pardonner et ce que vous souhaitez pardonner aujourd'hui et osez tourner la page. Cet acte est libérateur !

La lettre de pardon à mon cœur

S'écrire une lettre à soi-même peut paraître un peu étrange, mais cela permet de créer un espace intime, d'authenticité, propice à la confidence avec soi. L'objectif de la lettre de pardon à votre cœur est d'entrer dans votre intériorité, de vous parler avec douceur et bienveillance, à travers l'écriture.

Comment faire ?

Laissez libre cours à votre plume. Laissez tomber le souci du perfectionnisme, les jugements et la crainte des tournures de phrases imparfaites : soyez spontanée et accueillez les mots tels qu'ils vous viennent, ils seront forcément beaux et justes.
Vous pouvez par exemple demander pardon pour toutes les fois où vous vous êtes oubliée et vous ne vous êtes pas respectée. Vous pouvez évoquer le fait d'avoir été parfois négligente vis-à-vis de votre santé malgré les signaux physiques. Pourquoi ne pas aborder les coups que vous vous êtes donnés inconsciemment ou non, et toutes ces choses que vous avez mises de côté et somatisées. Comme on peut ressentir de la joie et de la paix lorsque l'on demande pardon à un ami à la suite d'un comportement inapproprié, offrez-vous le cadeau de vous accorder le pardon et de faire la paix avec vous-même.

À la fin de l'exercice, signez, datez et mettez la lettre dans une enveloppe. Oubliez-la pour un temps ou demandez à un proche de la poster pour vous à une date importante (par exemple un an après l'avoir écrite). Dans le futur, cette lettre va vous rappeler le chemin parcouru, la personne que vous étiez au moment où vous l'avez écrite et celle que vous êtes devenue. Une dose d'amour à recevoir de vous à vous !

Je me libère du regard des autres

Le regard de l'autre est un miroir sur vous-même qui vous permet d'exister. Vous êtes un être de liens, en perpétuelle recherche d'équilibre entre le besoin de cultiver votre individualité et le besoin d'inclusion. Quand le regard de l'autre prend trop de place et touche à votre liberté d'expression personnelle et à votre manière d'être, votre élan de vie est bloqué. Vivre sous l'égide du regard de l'autre vous empêche de vous rencontrer et d'embrasser toutes les parties de vous.

L'effet miroir : l'autre et moi

Pour le psychiatre Carl Gustav Jung, *« nous percevons chez les autres les mille facettes de nous-même »* et inversement. Autrement dit, ce qui attire votre attention chez une personne, que ce soit positif ou négatif, fait écho à quelque chose chez vous. Les personnes que vous rencontrez sont un miroir de vos ombres et de vos lumières et une occasion de mieux vous connaître.

Demandez-vous si vos relations vous nourrissent, vous propulsent, vous font grandir ou bien si elles vous rendent « toute petite » et vous rabaissent.

L'autre ne doit pas être une excuse pour ne pas dire ou faire ce que vous souhaitez. Replacez-vous au centre de la relation pour que l'autre devienne une invitation à vous rencontrer, vous découvrir et vous aimer. En dépit de tout : le regard de l'autre n'est peut-être que la perception du regard que vous portez sur vous-même.
Si vous sentez la peur du jugement et du regard de l'autre vous envahir, n'hésitez pas à suivre le rituel de libération des peurs (voir p. 61).

Mon rituel de détachement pour couper des liens

Quand le regard de l'autre vous pèse ou qu'une situation que vous vivez n'est pas fluide, vous pouvez vous en couper énergétiquement. Voici une variante de la technique des « bonhommes allumettes » mise au point dans les années 1990 par le canadien Jacques Martel. Il s'agit d'un rituel pour couper les liens d'attachement qui vous empêchent d'être vous-même.

Matériel

Vous aurez besoin de deux bougies à placer sur des bougeoirs, d'un fil et d'allumettes. La première bougie vous représente et la deuxième bougie représente la personne dont vous souhaitez vous détacher.

En pratique

Reliez les deux bougies par 7 bouts de fils placés les uns au-dessus des autres. Ces fils représentent les 7 chakras du corps et les liens d'attachement toxiques qui vous relient à l'autre personne. Allumez les deux petites bougies et observez les liens brûler et se défaire les uns après les autres. Détachez-vous de ce qui vous encombre (une personne et les événements qui lui sont associés) et offrez-vous la liberté !

Mes rituels « Renaissance »

Quelques minutes dans la salle de bains le matin, un coup d'œil dans le rétroviseur de la voiture, un regard dans une vitrine : nous nous arrangeons vite fait bien fait devant la glace sans vraiment nous regarder. Doté d'une surface réfléchissante, le miroir est pourtant l'objet d'introspection par excellence, offrant le reflet de nous-même. Les contes et légendes lui confèrent le pouvoir de vérité absolue et fait de lui un portail vers la connaissance de soi. Permettez-vous de jouer les Narcisse en regardant votre reflet à en tomber amoureuse.
Ci-dessous, 3 rituels avec un miroir pour vous mettre à nu et renaître à vous-même.

Je retrouve ma vérité avec le miroir de l'audace

L'exercice du « miroir de l'audace » est un outil puissant pour inscrire dans vos cellules et dans la matière votre identité afin de booster votre estime de vous.

Rappelez-vous le mantra Self-Love : « Je suis là, je me vois & je m'aime. »
Pendant 21 jours, vous allez répéter ce mantra face à un miroir durant 5 minutes en vous regardant et en laissant faire la magie de l'instant. Rires, larmes, gêne, compassion, colère, tendresse… vous laisserez venir à vous les émotions qui vous traversent pour vous permettre avec le temps d'incarner ce mantra Self-Love et d'augmenter votre amour pour vous-même.

Bienfaits

- J'ose me regarder en face et je développe l'estime de soi.
- Je développe mon courage et mon audace.
- J'apprends à m'aimer et à me dire je t'aime.

Durée : 5 minutes par jour pendant 21 jours.

Mon rituel étape par étape
Chaque matin ou chaque soir, programmez le minuteur sur 5 minutes et asseyez-vous devant votre miroir.

▷ Semaine 1 : Je récite la première partie du mantra « Je suis là » puis, à la sonnerie au bout de 5 minutes, je récite une fois le mantra en entier : « Je suis là, je me vois et je m'aime. » Je termine en me souriant avant de continuer ma journée ou d'aller me coucher.

▷ Semaine 2 : je récite la deuxième partie du mantra « Je me vois », puis, à la sonnerie au bout de 5 minutes, je récite le mantra en entier : « Je suis là, je me vois et je m'aime. » Je termine le rituel en m'adressant un sourire sincère.

▷ Semaine 3 : Je récite la troisième partie du mantra « Je m'aime », puis, au bout de 5 minutes, je récite le mantra en entier : « Je suis là, je me vois et je m'aime. » Je termine en me souriant.

Au fur et à mesure de ces trois semaines, vous allez remarquer que votre petite voix critique, mal à l'aise et maladroite au début, va s'estomper pour que progressivement s'installe une relation affectueuse et aimante de vous à vous.

Je me débarrasse de mes vieilles peaux avec le miroir de l'humilité

Ce rituel initiatique vous débarrasse de vos vieilles peaux, des masques que vous portez et des empreintes du passé afin de retrouver votre authenticité et la joie qui sommeille en vous.
Le terme *humilité* est un dérivé du latin *humilitas* qui signifie « l'appartenance à la terre, à l'humus ». « Le miroir de l'humilité » est l'un des rituels les plus puissants à vous offrir, une mise à nu dans les terres de votre réalité. Lumière tamisée, assise face à votre miroir, nue ou vêtue du minimum de vêtements, vous allez recouvrir votre peau de boue organique en récitant la liste de ce que vous aimez et de ce que vous n'aimez pas chez vous.

Bienfaits

- Je me libère des jugements intérieurs et prends confiance en moi.
- Je nourris mon unicité et aime mes qualités et mes défauts.
- Je trouve ma quintessence et je prends conscience du beau en moi.

Durée

30 min à 1 heure, à faire lors de passages de vie importants. Mais pas plus d'une fois par mois.

Matériel

Vous avez besoin d'un carnet et d'un stylo, de bougies ou d'une lumière tamisée ; d'un coussin, d'un kimono ou d'un peignoir, d'un bol d'argile mélangé à de l'eau ou de peinture corporelle biologique, d'un gant de toilette, d'un bol d'eau, d'une serviette et d'une huile ou d'une crème pour le visage et le corps.

Mon rituel étape par étape

Avant de commencer : prenez deux feuilles dans un carnet et écrivez sur une page la liste des choses que vous aimez chez vous et sur l'autre page celles que vous n'aimez pas (personnalité,

physique, pensées, émotions...). Cette étape doit être faite avant le rituel et peut être étalée sur plusieurs jours.

Le jour du rituel, préparez un espace tamisé, chaud et douillet avec vos accessoires. Asseyez-vous face au miroir, nue sous votre kimono. Prenez de l'argile avec votre index et marquez votre visage en nommant les choses que vous n'aimez pas... À chaque fois que vous nommez quelque chose que vous n'aimez pas, laissez une trace d'argile sur votre visage. Lorsque vous êtes plus à l'aise, vous pouvez desserrer votre kimono ou l'enlever pour appliquer de l'argile sur votre buste, vos bras...

Regardez-vous, regardez cette femme. Que voyez-vous ? Lorsque l'argile vient à vous tirailler, sentez le moment juste pour vous débarrasser de vos armures, de vos jugements et nettoyez votre corps avec le gant et l'eau. Vous vous libérez de tout ce que vous n'aimez pas en vous. Récitez le mantra Self-Love : « Je suis là, je me vois et je m'aime. »

Puis séchez votre visage et regardez tout ce que vous aimez, tout ce qui est là.

Ouvrez votre carnet et voyez si vous pouvez barrer des éléments que vous n'aimiez pas de votre liste pour les mettre dans celle que vous aimez. Rayez et libérez-vous !

Pour clôturer, prenez votre crème et déposez-en une noix au creux de vos mains, frottez-les et sentez-les. Puis, étalez votre crème sur le visage, le cou et le corps et remerciez-vous pour ce temps d'humilité et d'authenticité profonde que vous vous êtes accordé.

Face à mon intimité : l'expérience du Self-Help

Le Self-Help signifie littéralement « s'aider soi-même ». Sa traduction française a donné lieu au concept de « développement personnel », mais il est également une pratique d'auto-exploration de l'anatomie féminine. Celle-ci est née dans les années 1970 aux États-Unis dans les rangs des militantes féministes en pleine bataille pour le droit à l'avortement et le droit à une contraception libre et choisie. Ces femmes se sont rendu compte d'un paradoxe : alors qu'elles réclamaient la libération de leur corps, elles ne connaissaient pas ou trop peu leur intimité. De nos jours, sous l'influence du mouvement #metoo, les ateliers d'auto-examination se sont développés pour permettre aux femmes de libérer leur parole autour de leur corps et de leur sexualité.

Le saviez-vous ? Plus d'une femme sur trois déclare ne jamais avoir observé son intimité.

Avec un miroir, une lampe et un spéculum, chacune peut observer son anatomie, apprendre à s'auto-examiner et à construire ses propres connaissances sur son temple féminin. Je vous propose de poser les yeux sur votre intimité de manière douce et bienveillante pour suivre le chemin de ces femmes et rendre leurs lettres de noblesse à votre sexe.

Bienfaits

- J'apprends l'auto-exploration de mon anatomie pour mieux me connaître.
- Je nourris une profonde gratitude pour la beauté de mon sexe.
- Je reprends possession de mon intimité et suis actrice de ma santé sexuelle.

Durée

Le rituel demande 20 minutes, à faire quand vous voulez. Il n'existe aucune contre-indication pour cette pratique. En cas de mycose, plaie, vaginite…, vous pouvez simplement observer vos lèvres, votre vulve et votre vagin sans utiliser de spéculum et sans vous toucher.

Préparation

Vous aurez besoin d'un petit miroir ou d'un grand miroir pouvant être posé contre un mur au sol, d'une petite lampe et d'un spéculum vaginal.

Qu'est-ce qu'un spéculum vaginal ?
Il s'agit d'un instrument médical utilisé par les gynécologues et les sages-femmes lors de vos visites d'auscultation. Il permet d'écarter les parois de votre vagin pour observer ses cavités et le col de votre utérus. Bonne nouvelle, vous pouvez vous procurer un spéculum dans les pharmacies. Insérez le spéculum avec une inclinaison de 45°, la pince sur le côté. Une fois inséré, tournez le spéculum de telle sorte que la pince soit vers le bas (vers votre anus) puis ouvrez légèrement la pince sans vous faire mal puis serrez les vis.

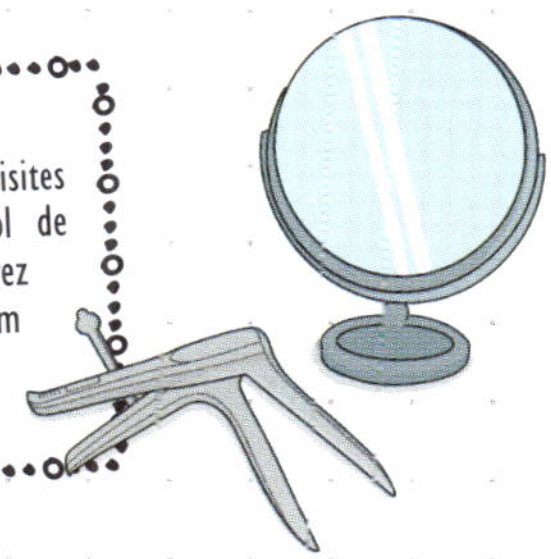

Mon rituel étape par étape

Asseyez-vous confortablement dans un endroit chauffé, où vous ne serez pas dérangée. Posez votre petite lampe de sorte qu'elle puisse éclairer votre entrejambe.

Quand vous êtes prête, enlevez votre sous-vêtement, écartez les jambes et placez le miroir face à votre sexe. Votre temps d'observation intime peut commencer. Un moment magique pour vous rencontrer physiquement et observer la beauté de votre corps. Bye-bye les sentiments de culpabilité, de honte et l'impression de ne pas être belle ! Cette pratique vous permet également de vous réapproprier la santé de votre sphère gynécologique en observant la couleur, la taille, la texture de votre vulve ou encore la présence ou non de glaire cervicale qui joue un rôle dans votre fertilité.
Si vous avez envie d'explorer votre anatomie en profondeur, vous pouvez insérer le spéculum dans votre vagin ou bien utiliser vos doigts. L'ouverture

de votre vagin grâce au spéculum vous offre la possibilité d'observer votre col de l'utérus et de voir son ouverture, sa hauteur et sa texture. En répétant l'expérience, vous constaterez que le col de l'utérus est différent suivant les phases de votre cycle. Par exemple, il est plus ouvert, plus haut et plus mou lors de la phase d'ovulation. Plus vous pratiquerez, plus vous serez en confiance avec vos ressentis et pourrez déceler si quelque chose ne vous semble pas normal et prendre rendez-vous chez un spécialiste.
Cette pratique est une voie d'émancipation très forte pour devenir souveraine de votre corps et actrice de votre santé.

Pour clôturer, prenez un temps pour vous remercier, remercier votre sexe et vous féliciter pour ce temps consacré à vous connaître.

CHAPITRE 4

JE CRÉE LA VIE DE MES RÊVES

Pour être une femme libre qui réalise ses rêves, quel est le mode d'emploi ? Les trois premiers chapitres de cet ouvrage vous ont permis de vous libérer des carcans issus de vos croyances et de vos peurs et de prendre conscience de vos forces et de vos talents. Vous avez identifié et envoyé valsé ce qui ne vous convenait plus… Maintenant, place à la création du beau et du sur-mesure ! Il est temps de faire vibrer l'amour, le grand, et enfin de faire les choix les plus en harmonie avec vous-même. Incarnez votre liberté et créez la vie de vos rêves !

Mon emploi du temps au féminin

Avez-vous l'impression de toujours courir après le temps ? Vos journées de 24 heures sont-elles trop courtes ? Le temps est un concept insaisissable, une sorte de flux continu que les êtres vivants essaient d'apprivoiser. Il est devenu un élément central de notre existence et pourtant nous le gérons souvent de manière non organique. Découvrez une méthode d'organisation qui suit vos rythmes intérieurs et répondra à vos besoins de femme cyclique.

Mon agenda au féminin

Gérer le temps à votre guise et faire enfin de la place pour ce qui compte vraiment et ce que vous aimez, c'est possible ! Nous avons vu précédemment que la physiologie féminine est marquée par le rythme et les alternances. Le cycle a un impact sur votre énergie, votre mental, vos capacités physiques… Maintenant que vous avez découvert le cycle féminin et maîtrisez votre manière de vivre votre cycle, il est temps de le mettre en pratique dans votre vie.

En adaptant vos journées à vos besoins physiologiques, vous allez relâcher le stress, les tensions, et éprouver beaucoup de plaisir. Découvrez comment organiser votre emploi du temps en fonction des phases de votre cycle menstruel.

Le Circle Calendar

Le Circle Calendar est un agenda personnalisé circulaire correspondant à votre cycle menstruel (ou aux phases lunaires pour les personnes qui n'ont pas de cycle). Il permet la construction de cycles plaisants qui nourrissent vos valeurs et suivent votre rythme. Grâce à cette nouvelle organisation, vous allez pouvoir remplir tous vos objectifs personnels et professionnels. Aidez-vous de vos analyses personnelles sur votre cycle féminin (voir p. 31, avec les différentes phases : méditative, d'exploration, de rayonnement et de transformation).

Le Circle Calendar, un atout pour mieux gérer mon temps

En vivant en harmonie avec votre nature cyclique et votre corps, vous vous offrez une gestion de votre temps plus fluide. Vous respectez les phases dynamiques où vous avez beaucoup d'énergie (pré-ovulation) ; vous développez vos liens sociaux durant la phase ovulatoire ; vous boostez votre créativité lors de la phase prémenstruelle et profitez du temps de repos et de connexion à vous lors de la phase menstruelle. Prenez plaisir à organiser votre calendrier, amusez-vous ! Votre cycle vous offre une mine d'informations sur vous-même. Il vous permet d'explorer toutes les facettes de votre féminin et de vous engager pour vous-même.

Comment faire lorsqu'un rendez-vous ne tombe pas au bon moment ?

Nous n'avons pas la main sur tous les événements de notre vie, et il se peut qu'un rendez-vous se déplace. Votre cycle va également bouger avec des phases plus courtes ou plus longues d'un mois à l'autre. Observez ! Observez quand l'événement tombe et ce qu'il pourra vous apporter en se réalisant lors de cette phase spécifique. Le Circle Calendar est un outil pour fluidifier votre vie, mais il doit évidemment rester flexible. Tout est toujours juste et tombe au bon moment !

Comment remplir et utiliser le Circle Calendar ?

1. **Ecrivez votre to-do list du mois en vrac** : notez tous vos rendez-vous personnels et professionnels, vos impératifs, vos deadlines, ce que vous avez envie de faire, écrivez les tâches qui n'ont pas encore de date attribuée… Bref, notez tout !

Par exemple…

Ma to-do list avec dates fixes

Pièce de théâtre avec Sylviane prévue le 9 juin

Mon cours habituel de danse orientale le 17 juin

Ma to-do list sans dates précises

Ma collègue Gaïa a 40 ans, j'organise un pot au travail autour du 15 juin

Un massage relaxant bienvenu autour du 20 juin

2. **Distinguez et coloriez les phases de votre cycle** menstruel sur le cercle extérieur du Circle Calendar.

- **Pour rappel, le 1er jour du cycle** se situe le premier jour des règles (ou à la date de la nouvelle lune si vous suivez les phases lunaires) : c'est le moment **où je ralentis le rythme et où je recherche le calme et l'apaisement**. Cette phase est ici coloriée en corail.
- **La phase pré-ovulatoire, où je me sens comme Wonder Woman, boostée et pleine d'énergie,** démarre environ au 7e jour du cycle (ou à la date du premier quartier lunaire). Elle est ici coloriée en vert.
- **La phase ovulatoire, où je suis en mode relation et partage, sensuelle, généreuse, tournée vers les autres,** démarre au 14e jour (ou à la date de la pleine lune). Elle est ici coloriée en rose poudré.
- **La phase prémenstruelle, où je me sens magicienne, où ma créativité est au top, où je traverse souvent des émotions contrastées et où je peux souffrir de syndrome prémenstruel,** démarre au 21e jour du cycle (ou à la date du dernier quartier lunaire). En bleu foncé dans l'exemple.

3. **Marquez un repère pour chaque lundi** sur votre Circle Calendar pour avoir une vision de votre mois. Par exemple, les lundis peuvent être représentés par un triangle noir dans le coin de la case.

4. **À partir de votre to-do list, insérez les événements datés sur votre Circle Calendar**. Observez si vos rendez-vous tombent au meilleur moment de votre cycle menstruel selon vous.
Comment vous sentez-vous par rapport à ça ?
Pouvez-vous ou souhaitez-vous modifier la date d'un rendez-vous ?
À quoi pourriez-vous faire attention lors de vos prochaines prises de rendez-vous le mois prochain pour que vos activités soient plus en phase avec votre cycle ?

5. **Amusez-vous à remplir le Circle Calendar avec les éléments sans date.** Face à chacune de ces activités, demandez-vous quel serait le moment le plus judicieux pour les réaliser en respectant votre cycle.

Un exemple pour vous aider…

▻ Je dois finaliser un dossier administratif le 7 juin maximum, quelques jours après mes règles. Je suis consciente que, lors de mes règles, j'ai des difficultés à me concentrer et à faire des tâches qui ne me plaisent pas, alors je m'en occupe après, entre le 3 et le 5 juin. Je finalise donc ce dossier au dernier moment mais je me fais confiance, je sais que je serai plus efficace et rapide dans cette phase pré-ovulatoire où je me sens pleine de vitalité et concentrée.

▻ L'anniversaire de ma BFF Gaïa tombe le mardi 15 juin. Je vais proposer à mes amis d'organiser un pot en son honneur ce soir-là. Je serai dans ma phase d'ovulation, la phase du lien social. Je leur en parlerai une semaine avant, j'aurai l'énergie pour l'organiser et serai enthousiaste d'être avec les autres pour célébrer ma BFF.

▻ Lors de la phase prémenstruelle, je me sens créative, j'assiste à mon cours de danse orientale le 17 juin.

▻ J'ai besoin de me sentir chouchoutée et de me détendre juste avant mes menstruations, je prends rendez-vous pour un massage le 20 juin.

▻ Je prévois autant que possible des moments de calme et de cocooning pendant mes menstruations, à la fin du mois, avec de bonnes lectures et du repos !

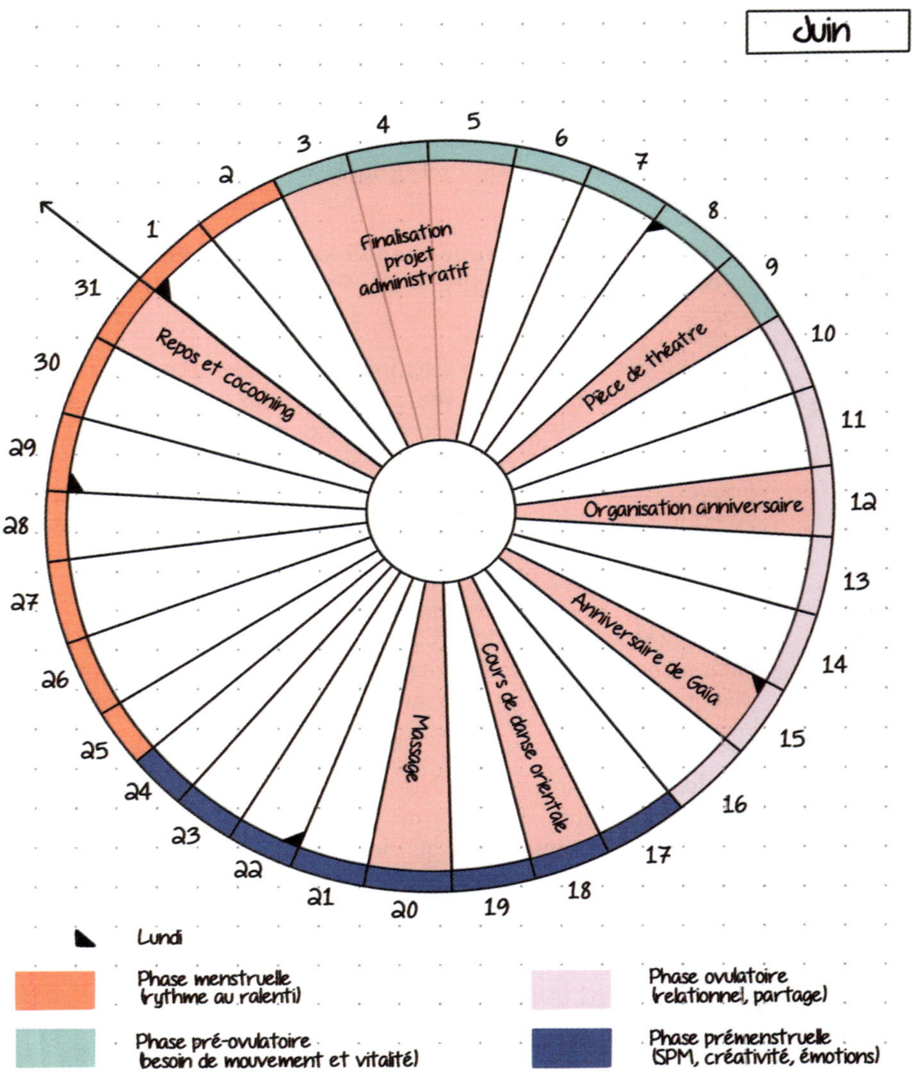

Mon Circle Calendar : résumé des grandes étapes

1. *Je dresse ma to-do list en vrac avec les événements ayant une date fixe et ceux sans date précise attribuée.*
2. *Je distingue et colorie les phases de mon cycle.*
3. *Je repère tous les lundis du mois.*
4. *J'insère les événements avec une date fixe.*
5. *Je m'amuse à placer les éléments sans date attribuée.*

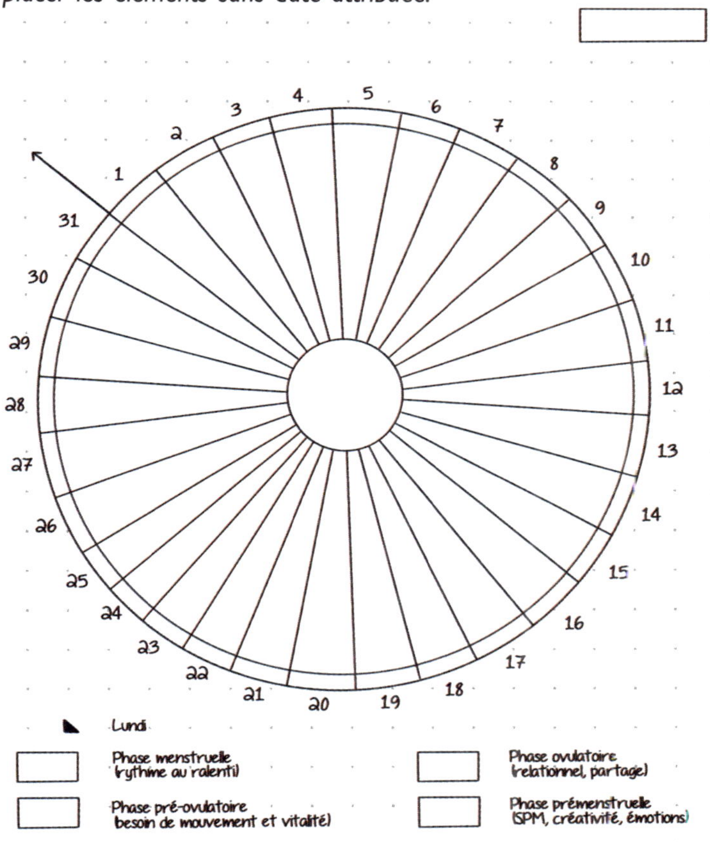

Mon engagement

Vous êtes une femme parmi des milliards d'êtres humains, et pourtant vous êtes unique et irremplaçable ! Parce qu'il n'y a jamais eu quelqu'un comme vous et qu'il n'y en aura jamais plus. Personne n'a le même patrimoine génétique que vous, personne n'a vécu les mêmes expériences que vous, personne n'a les mêmes compétences que vous, personne ne vous ressemble. Cela signifie que votre vie est précieuse et que vous pouvez vous y engager pleinement !

Ma priorité numéro un, c'est moi !

Par essence, vous ne pourrez jamais vous séparer de vous-même et vous quitter tant que vous serez en vie. Vous allez passer toute votre vie avec vous-même. Alors autant établir une relation saine d'amour ! Vous êtes une personne parfaitement imparfaite. L'univers vous soutient et vous apporte les expériences qui vous font grandir dans l'apprentissage du Self-Love.

Mon lieu ressource

Un lieu ressource est un espace dédié à soi et à l'amour de soi. C'est un espace chouchou chez vous, où vous pourrez vous recueillir, vous abandonner pleinement, voire vous déshabiller sans être dérangée pour réaliser les rituels du *Cahier Self-Love*. Cela peut être un coin de votre chambre ou de votre salon, mais vous n'êtes pas obligée d'avoir un lieu fixe, vous pouvez amener certains éléments et objets que vous aimez dans l'endroit pour créer une ambiance douce et ressourçante. Bougies, tapis, coussins, tissus, cristaux, huiles essentielles, objet musical, oracle Self-Love peuvent vous aider à créer un espace dédié qui vous correspond. L'essentiel, c'est l'accord intérieur que vous souhaitez établir entre votre psyché et votre corps : un rendez-vous avec vous-même dans un endroit où vous êtes à l'aise et où vous vous sentez en sécurité. Plus ce lieu sera spécial à vos yeux, plus il soutiendra votre transformation.

Les règles à établir dans votre lieu ressource

Cet espace est un lieu intime qui a besoin d'un cadre. Tout comme vous allez disposer votre autel, vos tentures, des coussins pour délimiter votre espace, il est également essentiel d'informer les personnes qui vivent avec vous de ne pas vous déranger pendant 10 minutes, 20 minutes, 1 heure… Poser ses limites (voir p. 49) est important concernant cet endroit, pour que vous puissiez y accueillir vos transformations, ouvrir votre cœur et vous retrouver. Vous pouvez également inviter vos proches dans votre lieu ressource pour partager un moment précieux d'échange et d'intimité. Vous êtes la gardienne de votre espace-temps, et c'est en cela que votre lieu ressource prendra vie qu'importe où vous soyez.

Je me replace au centre de ma vie

Pour cultiver la fierté d'être soi et créer de l'espace pour vous aimer davantage, vous avez besoin de vous replacer au centre de votre vie et au centre du monde. Voici un exercice visuel et impactant pour vous rappeler comment vous soutenir sur le chemin de l'amour de soi.

Ma Self-Love flower avec la technique du mind mapping

Le mind mapping consiste à organiser vos idées autour d'une thématique centrale et de ramifications, à la manière des branches et sous-branches d'un arbre qui se déploient autour d'un tronc. Les idées peuvent être notées sous forme de mots, de morceaux de phrases ou de dessins. Cette technique graphique est un outil visuel qui, en un coup d'œil, offre au cerveau une représentation en arborescence de la pensée, des ressources et du chemin à parcourir. En créant et en visualisant votre Self-Love flower, votre cerveau va mettre rapidement en lumière les liens nécessaires à établir pour votre bonheur, il sera rassuré et apaisé. Vos doutes et vos freins psychologiques s'effaceront pour laisser place à une vie plus grande et épanouissante.

Le mind mapping, d'où ça vient ?
On retrouve dans les travaux de Leonard de Vinci et de Darwin des dessins pouvant être assimilés à des cartes cognitives regroupant des idées reliées entre elles. Le concept contemporain de la carte mentale sera inventé plus tard, en 1942, par le psychologue et mathématicien anglais Tony Buzan. Il a créé le mind mapping comme méthode d'apprentissage et de mémorisation avec la thématique centrale au centre du dessin et les points importants tout autour.

Je crée ma Self-Love flower

Nous avons étudié les 5 pétales de la Self-Love flower avec les notions de self-exploration, self-esteem, self-confidence, self-growth et de self-care (voir p. 11). Aidez-vous de vos expériences, de vos valeurs, de vos ressources pour remplir les ramifications de votre Self-Love flower. Observez-la régulièrement pour apaiser votre mental, faire alliance avec lui et cheminer vers l'amour inconditionnel.

Comment faire en pratique ? Pour chaque pétale et domaine du Self-Love, vous allez remplir les ramifications en répondant à ces trois questions…

- **Quels sont les bénéfices à m'explorer** ? Augmenter l'estime que j'ai pour moi, booster ma confiance, m'affirmer, prendre soin de moi ? Par exemple : le fait de m'affirmer m'aide à poser mes limites (voir p. 49), à trouver ma place et à être plus joyeuse !
- **Quels sont les engagements que je souhaite prendre pour continuer cette exploration ?** Augmenter mon estime, booster ma confiance, m'affirmer, prendre soin de moi ? Par exemple : je m'engage à prendre soin de moi en créant mon lieu ressource, en notant 3 gratitudes chaque soir (voir p. 65) et en m'offrant un massage 1 fois par mois.
- **Quels sont les outils dont je dispose pour m'aider à booster ma confiance ?** Par exemple : je tire une carte de l'oracle Self-Love tous les matins et je relis la liste de mes qualités (voir p. 59).

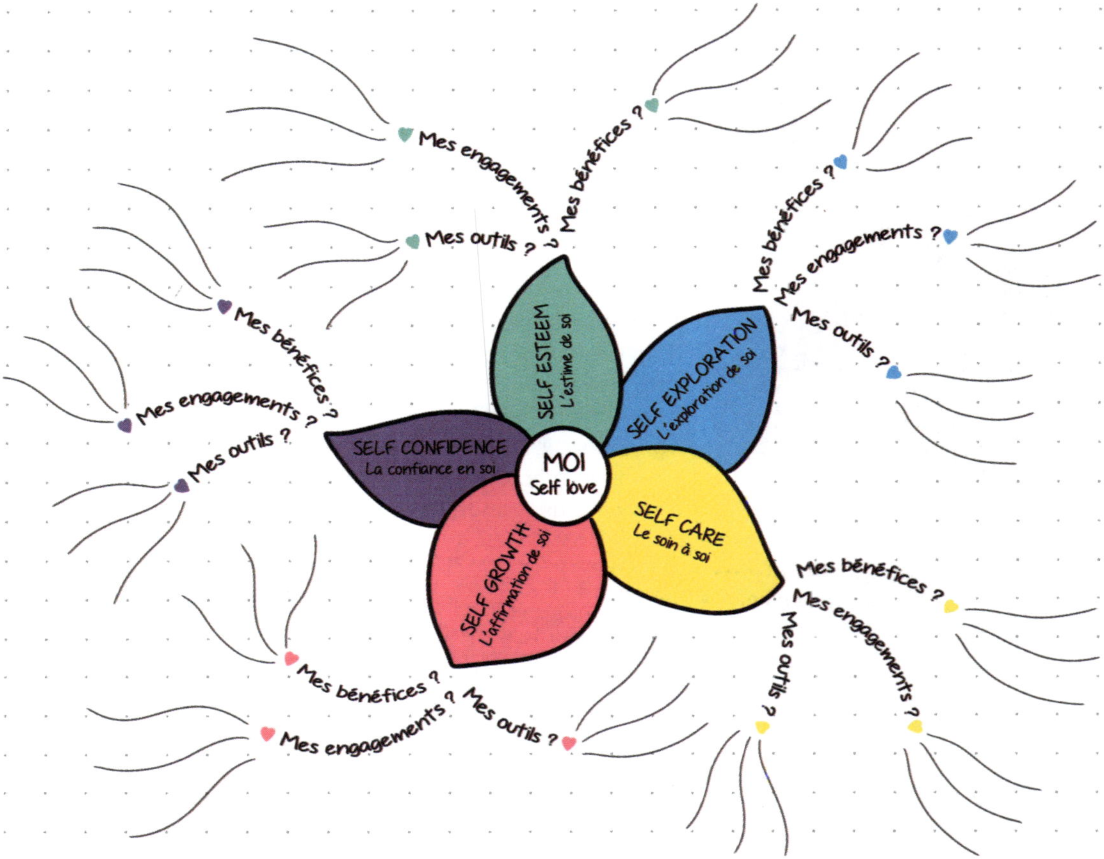

Je m'engage avec moi-même

La personne avec qui vous faites équipe jour et nuit, c'est vous ! Vous êtes la boss, la prêtresse, la responsable de votre engagement. Parce que vous êtes la personne la plus importante de votre vie, vous intéresser à votre bien-être aujourd'hui est le plus beau cadeau que vous puissiez vous faire sur le long terme. Chaque défi est une occasion d'approfondir votre relation d'amour avec la vie. Il est temps d'épouser toutes les parties de vous-même et de vous impliquer dans cette union sacrée.

Mes vœux d'engagement

L'engagement avec soi est un contrat moral que l'on signe avec soi-même. Dans une union avec une personne, nous formulons des vœux, nous promettons de nous investir dans cette relation et de faire de notre mieux. Et si vous formuliez vos vœux d'engagement avec vous-même ? Et si vous vous disiez un grand oui ?

Mes vœux d'engagements avec moi-même

Dr. MoiMême
Chemin de la Sérendipité
75011 Joyeux-sur-Mer

Ma prescription d'Amour en cas de mauvaise journée

Moi, (votre prénom), je m'engage à m'aimer toute la vie, à faire preuve de bienveillance et d'indulgence envers moi-même.

Je promets de m'aimer, de me respecter et de m'encourager à travers les triomphes et les embûches de la vie.

Je m'engage à prendre soin de moi, à dire ma vérité et à me soutenir dans la réalisation de mes rêves.

MoiMême

Mon objet d'union sacrée

En signe d'engagement, vous pouvez, si vous le souhaitez, porter « un objet d'union » comme un bracelet, une bague ou un mala. Cet objet représentera l'alliance que vous faites avec toutes les parties de vous. À l'origine, le mala est un chapelet de prière ou de méditation porté depuis des milliers d'années par les bouddhistes, les hindouistes ou les personnes en quête de spiritualité. Il est surtout un objet talisman, révélateur de votre essence, dans lequel vous pouvez déposer une intention sacrée comme celle de vous accompagner sur votre chemin de vie.

Le matériel pour réaliser mon mala

Pour réaliser votre mala d'union, rendez-vous dans votre mercerie préférée et choisissez 108 perles (c'est le nombre traditionnel de perles que comporte un mala, correspondant au nombre de fois où est récité un mantra, une prière, une intention). On vous conseille de choisir des perles de 6 ou 8 mm de diamètre.
Pour fermer le mala, vous pouvez ajouter « une guru perle », appelée la perle du maître, qui sera plus grosse que les autres, ou bien un pendentif, une breloque ou un pompon.
Il vous faudra aussi 1 mètre d'un fil résistant, comme le fil de nylon shamballa utilisé en macramé.

La confection de mon mala d'union

Enfilez les 108 perles. Pour chaque perle enfilée, vous pouvez réciter un mantra comme : « Avec cette perle, j'épouse toutes les parties de moi. » Comme dans la tradition hindouiste, vous pouvez, si vous le souhaitez, faire un nœud très serré entre chacune des perles et réciter le mantra proposé pour tisser un lien fort entre vous et vous !

Enfin, réunissez les deux extrémités de fil et ajoutez votre perle guru ou votre pendentif.

Avant de le porter, consacrez votre mala en le déposant dehors un soir de pleine lune pour profiter des rayons magiques de l'astre.

Je m'engage avec les autres

Tout comme la graine ne peut pousser sans une terre fertile, de l'eau et du soleil, nous ne pouvons pas avancer sans l'aide des autres. Se relier aux autres est un besoin fondamental pour l'être humain. Le développement du lien aux autres ne nous a pas été enseigné, et nous nous réfugions trop souvent dans notre solitude et dans nos stratégies d'évitement. Pourtant, accepter d'entrer en relation avec les autres est un engagement à soi, à l'essence de la vie et à l'intégration de toutes les parts du Self-Love.

Seule on va plus vite, ensemble on va plus loin !

Même si beaucoup d'expériences peuvent s'accomplir seule, elles prennent une tout autre dimension lorsqu'elles sont réalisées à plusieurs. La force du collectif enseigne à se mettre au service de chaque individu. On vous propose de faire un tour d'horizon des personnes ou groupes de personnes de votre entourage en observant ceux qui vous nourrissent, vous soutiennent et vous font grandir. Auprès de qui allez-vous plus vite et plus loin ?

L'importance de votre entourage proche

Vous avez peut-être déjà entendu cette citation du coach en développement personnel Jim Rohn : *« Nous sommes la somme des cinq personnes avec qui nous passons le plus de temps. »* Selon lui, les cinq personnes avec lesquelles vous passez le plus de temps influencent votre façon d'être, de penser et d'échanger avec les autres. Faites la liste de ces cinq personnes et observez si elles ont un impact positif dans votre vie. Entourez-vous et choisissez les fréquentations qui vous correspondent.

Mon entourage bien-être

Votre entourage « bien-être » représente toutes les personnes chères à votre cœur, avec qui vous prenez plaisir à échanger, qui vous transmettent des connaissances, avec qui vous avez vécu des moments de vie importants… Ce sont les personnes qui vous font du bien ! Cependant, cet entourage qui vous est précieux ne peut pas tout vous apporter, dans tous les domaines de votre vie. Pour profiter de vos relations et de votre entourage « bien-être », vous pouvez les distinguer en trois catégories. En repérant ces différentes catégories, vous allez nourrir vos relations et profiter pleinement des avantages que chacune vous offre.

○ Mes proches

Auprès de ces personnes, vous vous sentez aimée !

Qui sont-elles ? Votre famille, vos relations amoureuses, vos ami(e)s.

Que vous apportent-elles ? Avec amour, tendresse et protection, elles vous ramènent à vos souvenirs d'enfance. Il existe une loyauté forte entre vous, chacun se sent redevable et fidèle à l'autre.

Inconvénients : ces personnes vous voient avec le prisme du passé, de leur histoire et de leurs croyances. Elles vous connaissent dans un certain rôle et n'ont pas forcément conscience de votre parcours, de vos transformations et de votre potentiel. Pensant vous protéger, elles n'accueilleront pas toujours les changements que vous souhaitez faire et ne seront pas toujours de bon conseil.

Qui sont ces personnes pour vous ? ....
Avec elles, vous vivez des moments de tendresse, de douceur, de partage et d'amour inconditionnel. Elles sont là pour vous, et vous êtes là pour elles.

○ Mes alliés

Auprès d'elles, vous sentez comprise !

Qui sont-elles ? Des personnes avec qui vous avez vécu des expériences transformatrices, fait des apprentissages initiatiques, compris des choses sur vous-même lors de voyages, de formations, d'ateliers ou de discussions… Elles ont vécu un ou plusieurs moments d'authenticité et de vulnérabilité avec vous et ont été témoins d'un ou plusieurs processus de changement que vous avez opérés.

Que vous apportent-elles ? Elles croient en vous, sont curieuses et de très bon conseil quand vous avez besoin d'un coup de pouce pour sauter le pas dans un nouveau projet ou pour vous lancer dans de nouvelles activités.

Inconvénients : Ces relations sont des guides de l'instant, des relations intenses avec une qualité d'écoute et de présence développée. Néanmoins, elles peuvent s'étioler avec le temps. Vos chemins se croisent et peuvent se séparer.

Qui sont ces personnes pour vous ? ....

....

Avec elles, vous vivez la force de l'instant présent et découvrez la puissance de la vulnérabilité.

○ **Mes mentors**

Auprès de ces personnes, vous vous sentez reboostée !

Qui sont-elles ? Des personnes qui vous inspirent et ont déjà avancé sur le chemin du Self-Love que vous souhaitez emprunter. Ce sont vos enseignant(e)s, vos « guru », vos « role models », vos guides. Leurs messages vous touchent, ils vous montrent la voie de l'amour de soi.

Que vous apportent-ils ? Ils sont des exemples et véhiculent des idées qui vous font rêver, avec des valeurs communes aux vôtres. Ils vous enseignent, vous transmettent et vous montrent comment passer à l'action et marcher pas à pas vers votre plein épanouissement.

Inconvénients : Ils ne sont pas toujours accessibles, vous ne pouvez pas toujours communiquer avec eux et parfois même ils sont décédés.

Qui sont ces personnes pour vous ? ....
Avec elles, vous trouvez votre voie, des réponses à des questions existentielles et osez prendre des risques pour réaliser ce qui vibre pour vous.

MES PROCHES	MES ALLIÉ(E)S	MES MENTORS
○	○	○ ....
○	○	○ ....
○	○	○ ....
○	○	○ ....
○	○	○ ....

La puissance de la sororité

Dans vos relations, vous rencontrez d'autres femmes en quête d'elles-mêmes. Elles sont à vos côtés ou bien plus éloignées mais, dans leur façon de vivre, elles vous aident à mettre en lumière qui vous êtes. Il y a celles qui rayonnent et vous invitent à briller, celles qui vous titillent et vous renvoient à vos ombres, sans oublier celles qui sont comme des mères et sur qui vous pouvez vous reposer. À travers elles, vous rencontrez la sororité : un chemin d'amour profond où l'on apprend à accepter chaque femme, telle qu'elle est, sans peur et sans jugement. Avec elles, vous pouvez retirer vos masques et vos stratégies de protection pour être vous-même.

Le cercle de femmes : une pratique de connexion aux autres

Un cercle de femmes est une expérience magique de sororité. Il s'agit de se réunir entre femmes pour partager ses histoires. Dans un élan spontané, la parole se libère, et les mots se mettent au service de la vie. Les femmes se rassemblent pour partager leurs sentiments et leurs émotions, loin de leur quotidien et du monde extérieur.

Comment créer votre cercle ?

Avec quelques amies, asseyez-vous confortablement en cercle autour de douceurs et d'une boisson réconfortante. Chacune à votre tour, prenez un temps de parole pour raconter, déposer, partager votre état d'être. Laissez venir spontanément les mots et les phrases, dites ce que vous traversez et comment vous vous sentez. L'important est de ne pas répondre, interrompre ou donner des conseils à celle qui a la parole. Cela lui permet de se sentir pleinement écoutée et aux autres d'être dans une véritable empathie.

Cette pratique est ouverte à la mixité et à tous les genres. Pourquoi ne pas organiser de temps en temps un cercle en famille, un cercle au travail pour déposer votre parole ? Vous verrez à quel point vos liens vont se renforcer et vous apporter beaucoup d'amour et de confiance.

Pour une vie pleine d'amour

Tout ce que vous désirez est déjà en vous. À la lumière de votre être profond, votre pouvoir créateur et votre intelligence intuitive vous aident à faire émerger le nouveau et le juste pour vous. L'expression de votre créativité et de votre intuition fait partie du processus guérisseur et libérateur dont vous êtes souveraine.

Je crée ma vie avec la loi de l'attraction

La créativité est présente à chaque instant. Elle est cette pulsion de vie en vous, qui vous pousse à inventer votre manière unique d'être au monde et à attirer à vous ce dont vous avez besoin. Elle est un acte d'amour de « vous m'aime » si vous en comprenez la loi.

Jusqu'où souhaitez-vous que la vie soit belle ? Amour, relations épanouissantes, lieu de vie parfait, job de rêve… Et si vous pouviez créer tout ce que vous souhaitez ? Si vous deveniez la magicienne de votre vie ? La loi de l'attraction peut vous aider. C'est au XIXe siècle, en Amérique, que le philosophe Phineas Quimby évoque cette loi universelle qui repose sur l'idée qu'avoir des pensées et des émotions positives attire le positif dans votre vie... et inversement. Autrement dit, vous attirez à vous ce sur quoi vous portez votre attention. Lorsque vous êtes de mauvais poil, vous êtes attentive aux événements négatifs, et les gens vous le rendent bien. À l'inverse, lorsque vous êtes d'humeur joyeuse, vous ne voyez que le positif et amenez naturellement à vous de la joie et de belles vibrations.

Mon bracelet de pouvoir

Être celle qui attire et crée tout ce qu'elle désire nécessite de mettre de côté les doutes et les pensées négatives. Votre pouvoir créateur ne vous a jamais quittée, seulement peut-être est-il voilé par le brouhaha de votre mental qui vous empêche d'oser faire le prochain pas vers votre vie rêvée.

Je vous propose un challenge sur 21 jours pour vous défaire de vos pensées négatives et pour retrouver votre pouvoir créateur personnel. Il s'agit d'un engagement de trois semaines pour enfin vivre une vie pleine d'amour et créer tout ce que vous souhaitez.

Comment je m'y prends ?

Munissez-vous d'un bracelet et mettez-le à votre poignet. Si vous vous surprenez à douter de vous, à râler, à vous critiquer, à être négative au cours de la journée, changez votre bracelet de poignet. À chaque changement, asseyez-vous 1 minute en fermant les yeux et faites le vide. Remerciez l'univers de ce qui ne vous est plus utile, dites non aux pensées négatives et souriez.

À la fin de la journée, comptez le nombre de fois que vous avez changé le bracelet de poignet. Ne vous inquiétez pas si, les premiers jours, ce nombre est très important. Restez confiante : vos pensées négatives vont se dissoudre et prendre de moins en moins de place. Ce challenge vous permet de ne pas laisser vos doutes vous envahir et vous bloquer dans vos projets. Avec le temps, vous serez en mesure de prendre du recul lorsqu'un épisode négatif se présentera à vous ; vous augmenterez votre sérénité et développerez une pleine confiance en vous, pour aller de l'avant !

Je fais confiance à mon intuition

Vous l'avez déjà entendue, cette petite voix qui vous dit : « Je sais ce que je dois faire, je sais ce que je dois choisir, je ne sais pas vraiment pourquoi ou comment je vais le faire mais je sais que c'est le bon chemin. » Il s'agit d'un phénomène étrange de fulgurance dans votre cerveau, vous orientant vers un choix plutôt qu'un autre, sans logique apparente. On peut le définir comme une illumination spontanée que certain(e)s appellent le 6e sens, qui vous pousse à suivre votre élan de vie et votre cœur.

Comment reconnaître son intuition et la développer ?

Notre intuition est souvent maintenue à distance par notre mental bridé par des conditionnements ou absorbé par toutes sortes de préoccupations. Vous butez sur un choix depuis plusieurs semaines et vous décidez de mettre de côté le sujet et de laisser tomber le fouillis mental pendant quelques jours… puis, un matin, au moment où vous vous y attendez le moins, paf ! la réponse est écrite en gras sur la vitrine d'une boutique et, pour vous, c'est l'illumination ! Si vous y prêtez attention, l'intuition n'a de cesse de vous signaler sa présence et vous envoie des synchronicités qui vous guident vers ce qui vibre profondément pour vous.

Comment reconnaître les fameux signes, coïncidences et autres synchronicités ?

Ce sont des éléments disparates : conversations, images, symboles qui n'ont a priori rien à voir avec l'objet de votre interrogation, mais qui tombent à pic et s'imposent de manière forte à vos yeux et à vos oreilles, comme une évidence. Ces messages marquants, sortes de feux verts ou de feux rouges, sont à écouter avec la plus grande attention. Ils viennent en quelque sorte matérialiser ce que vous savez déjà, ce que vous sentez au fond de vous sans en avoir vraiment conscience. Noyée sous la masse des préoccupations, lorsque vous n'écoutez pas votre petite voix qui vous dit quoi faire, alors la vie vous envoie des signaux qui vous incitent à suivre cette intelligence intuitive, comme une odeur chaude et sucrée lorsque vous passez devant une boulangerie qui vous fait penser à votre grand-mère et vous rappelle d'aller lui rendre visite ; comme ce van garé devant chez vous depuis trois jours qui vous rappelle ce grand road trip que vous rêvez de faire…

Mon carnet de synchronicités

La psychothérapeute Elisabeth Horowitz préconise de tenir un journal des synchronicités. Chaque jour, notez dans un carnet un hasard (positif ou négatif) qui fait sens pour vous, même s'il est mineur. Vous aurez parfois l'impression de voir des signes sans savoir à quoi ils correspondent. Notez-les et revenez-y quelque temps après. Avec du recul, vous observerez que tout est là, en vous et autour de vous, pour vous guider vers la vie dont vous êtes l'actrice principale.

Quelques exemples…

▷ Cela fait des semaines que je dois appeler mon amie Stéphanie. Aujourd'hui, j'ai découvert un nouveau café qui s'appelle Chez Steph ; puis je suis tombée par hasard sur une photo de nous en primaire. Ce sont des signes, j'appelle mon amie !

▷ J'ai très envie d'en savoir plus sur les cristaux. Je reçois par hasard une publicité sur un atelier de lithothérapie qui a lieu le week-end prochain à côté de chez moi. C'est un signe, je décide de m'inscrire à cet atelier !

Je suis l'héroïne de mon histoire

Le voile se lève, un futur captivant et engageant se dessine pour vous. Pourquoi ? Parce que vous êtes l'actrice principale de votre vie, l'héroïne de votre histoire. Vous avez en vous la capacité d'élargir vos horizons, de rêver grand et d'oser sortir des sentiers battus. Tout ce que vous vivez et observez est le fil de votre vie. Vous êtes en mesure de choisir les actrices et les acteurs, les décors, les figurant(e)s, vous êtes en mesure de composer votre vie comme vous l'entendez. Everything is possible, autorisez-vous à rêver grand !

Ma vision du futur

Avoir un rêve est déjà une façon de vous mettre en mouvement, d'être dans la vie et de ne plus en être la spectatrice. Pouvez-vous imaginer la femme que vous serez dans 1 an ? Dans 5 ans ? Dans 10 ans ? Dans 50 ans ? Qu'aura-t-elle accompli ? Quel sera son état d'esprit ? Comment sera sa vie ? Écrivez le portrait de la femme que vous allez devenir et imaginez que, en faisant ça, vous vous reliez à elle. Cette femme est déjà là et ne demande qu'à s'incarner. Ne vous limitez pas, osez vibrer pour vos rêves et pour votre vision de vous-même.

Comment manifester ma vision du futur

Après avoir transposé vos rêves sur le papier, il est important de les faire vibrer dans votre corps et de rassurer votre mental qui n'aime pas l'inconnu. Comment ? Votre cerveau ne fait pas la différence entre votre imaginaire et la réalité. Asseyez-vous ou allongez-vous quelques minutes par jour et visualisez-vous vivant votre rêve. Soyez l'actrice principale de votre vision et composez votre vie rêvée. Où êtes-vous ? Avec qui ? Que faites-vous ? Comment vous sentez-vous ? Il n'y a aucune limite. Vous désirez et vous recevez.
Plus vous pratiquerez, plus votre mental sera rassuré et vous accompagnera pour réaliser cette vision qu'il croit déjà vivre. Une femme en lien avec ses rêves se réalise et construit sa vie comme elle l'entend, pas à pas. Alignez-vous mentalement et émotionnellement avec votre vision pour l'attirer à vous et la voir se concrétiser. Inscrivez votre conception du Self-Love dans votre visualisation. Vibrez et ressentez l'amour et la plénitude qui vous envahissent quand vous êtes à votre place. Vous possédez les clés de votre Self-Love.

Conclusion

Un oiseau assis sur un arbre n'a jamais peur que la branche se casse, parce que sa confiance n'est pas dans la branche mais dans ses propres ailes. *Mon cahier Self-Love* arrive au bon moment dans votre vie. La synchronicité de cette lecture vous envoie un message : vous êtes prête à ouvrir grand vos ailes, à oser l'envolée vers votre plus belle rencontre : vous !

Entre vos mains, vous avez les principales clés pour écouter ce qui vous anime. L'amour est présent à l'intérieur et tout autour de vous en permanence. Vous pouvez l'incarner à chaque instant si vous le décidez. Le choix du Self-Love n'est pas un long fleuve tranquille, mais il est la voie de votre plein épanouissement. Vous êtes unique, vous êtes précieuse à l'univers, et celui-ci attend que vous vous accueilliez pleinement ainsi.

Merci pour ce voyage que nous avons fait ensemble. Soyez heureuse, audacieuse et faites pétiller le Self-Love dans votre vie !

L'oracle Self-Love

1. **SELF-EXPLORATION :** Je vis à fond les expériences que la vie me propose
2. **SELF-ESTEEM :** Je suis bienveillante avec moi-même et je me respecte profondément
3. **SELF-CONFIDENCE :** Je peux me fier à ce que je ressens pour faire face à toutes les situations
4. **SELF-GROWTH :** Je communique mes besoins, je m'affirme et je prends ma place dans le monde
5. **SELF-CARE :** Je prends soin de moi
6. **SELF-LOVE :** Je m'aime et je m'accepte telle que je suis sans condition
7. **BODY POSITIVE :** J'honore et j'accepte mon corps tel qu'il est
8. **SHADOW WORK :** J'accepte mes parts d'ombre pour briller encore plus fort
9. **THE POWER OF NOW :** J'honore chaque instant et je savoure le moment présent
10. **INTUITION :** J'écoute ma petite voix intérieure qui sait toujours me guider
11. **STEP BY STEP :** J'avance sereinement un pas à la fois sans brûler les étapes
12. **THIS IS ME :** Je m'aime parfaitement, en femme imparfaite et authentique
13. **STOP :** J'ose dire non et je fixe mes propres limites
14. **SLOW LIFE :** Je m'autorise à ralentir et à trouver mon rythme
15. **WHO RUN THE WORLD ?** Je prends conscience de mes valeurs
16. **BLESSING :** Je me fais 3 compliments qui me font du bien
17. **SACRED SEXUALITY :** Je m'autorise à déployer ma puissance sexuelle
18. **MANIFESTATION :** Je m'ouvre à l'abondance de l'univers et j'accueille les cadeaux de la vie
19. **LET'S GO OUT :** Je m'oxygène dans la nature pour me libérer l'esprit
20. **MY CHRYSALID :** Je prends du temps dans mon cocon nourricier pour me ressourcer
21. **DREAM BIG !** Je m'autorise à rêver grand et faire des vœux pour ma vie
22. **I AM FREE !** Je vis ma vie comme je l'entends et je décide de ce qui est bon pour moi
23. **I FORGIVE :** Je trouve la force du pardon : je me pardonne et pardonne aux autres pour être en paix
24. **MY RESILIENCE :** Je prends conscience de mes forces et de mes facultés d'adaptation pour surmonter les épreuves

Carnet d'adresses

L'auteure

Sur Instagram : @naiadis_

Le site www.naiadis.com : programmes en ligne, retraites et cercles de parole. Je vous accompagne pour (re)trouver l'harmonie dans votre vie personnelle et professionnelle à travers des expériences initiatiques de transformation.

> À toutes les lectrices, profitez de 20 % de réduction sur le programme « Yoni Spa, bains de vapeurs ancestrales » avec le code MONCAHIERSELFLOVE.
> Rejoignez les centaines de femmes qui participent au Cercle du jardin, le premier cercle de parole anonyme, depuis le confort de votre maison.

Personnes inspirantes pour faire pétiller l'amour dans votre vie

- **Coach & praticienne en PNL,**
  Mia Coiquaud :
  www.mia-coiquaud.com
- **Coach et love activiste,**
  Anne-Claire Meret :
  www.anneclairemeret.com
- **Coach en libération personnelle,**
  Beata Delcourt :
  www.beatadelcourt.podia.com
- **Breathwork & manifestation,**
  Lucille Fauque :
  www.lucille-fauque.com
- **Psychogénéalogie & ennéagramme,**
  Jérémy Barreau :
  www.jeremybarreau.com
- **Soins énergétiques & mission de vie,**
  Emilie Plais :
  www.emylieguidance.com
- **Programme antistress,**
  Natacha Giacobino :
  www.natachafaitduyoga.ch
- **Guérison du féminin,**
  Zoé Poirot :
  www.les-allumettes.com
- **Intimité sacrée & éveil du plaisir,**
  Rubina Luna :
  www.rubina-luna.com
- **Ateliers Self-Help,**
  Les Flux :
  www.lesflux.fr

Bibliographie

Amour de soi

- *Mon Amour*, Astrid Desbordes, Albin Michel Jeunesse, 2015.
- *Imparfaits, libres et heureux*, Christophe André, Odile Jacob, 2006.
- *Vulnérable*, Camille Sfez, Leduc, 2021.
- *Love ! Aimez-vous pour aimer mieux*, Lucie Mariotti, Harlequin, 2019.
- *Tout est en vous. Paroles d'Amma*, Mata Amritanandamayi, Points, 2015.
- *Votre esprit est votre meilleur médecin*, Dr Liliane Reuter, Robert Laffont, 2004.

Body Positive

- *Mon cahier Attitude Body Positive*, Elodie Sillaro, Solar, 2018.
- *Notre corps, nous-mêmes*, collectif d'autrices, Hors d'atteinte, 2020.
- *Habiter son utérus*, Maud Renard, Tana, 2021.
- *La Femme optimale*, Miranda Gray, Le Courrier du livre, 2015.
- *La Danse des 5 rythmes*, Gabrielle Roth, Le Courrier du livre, 2009.
- *Une histoire de genres*, Lexie, Marabout, 2021.

Rituels

- Le magazine *Druidéesse* par Marie et Olivier Cochard : www.druideesse.fr
- *Gardiennes de la lune*, Stéphanie Lafranque, Solar, 2019.
- *Le Réveil des gardiennes de la terre*, Marianne Grasselli Meier, Le Courrier du livre, 2018.
- *Rituels pour explorer en douceur la puissance de son féminin*, Chloé Mason, Jouvence, 2021.

Remerciements

J'ai une immense gratitude pour toutes les femmes que je rencontre, qui me confient leurs histoires et me permettent de me déployer. Merci à mes enseignant(e)s de m'avoir ouvert la voie et guidée sur le chemin du Self-Love.
J'ai une profonde reconnaissance pour les éditions Solar et leur confiance.
Un grand merci chaleureux à Juliette Collonge pour son soutien et ses conseils précieux.
Enfin, à toi, Chiara, qui a choisi de te loger dans mon ventre le jour où l'on m'a proposé l'écriture de ce livre, merci de m'avoir accompagnée dans le grand plongeon de l'intime. Ton papa et moi te souhaitons autant de self-love que nous t'aimons.

Notes

MON CAHIER MINCEUR
MON CAHIER MINCEUR
MON CAHIER MINCEUR
MON CAHIER MA GROSSESSE ET MOI
MON CAHIER MON BÉBÉ ET MOI
MON CAHIER VENTRE PLAT SPÉCIAL HOMME
MON CAHIER VENTRE PLAT
MON CAHIER LA DRAGUE ET MOI
MON CAHIER LE SEXE ET MOI
MON CAHIER 100% ANTI-ÂGE
MON CAHIER DÉTOX
MON CAHIER YOGA
MON CAHIER RUNNING
MON CAHIER ABDOS-FESSIERS
MON CAHIER VEGGIE
MON CAHIER MON DRESSING IDÉAL
MON CAHIER BRÛLE-GRAISSE
MON CAHIER PENSÉE POSITIVE
MON CAHIER ANTI-STRESS
MON CAHIER FORME ET MINCEUR APRÈS BÉBÉ
MON CAHIER RÉGIME PALÉO
MON CAHIER PILATES
MON CAHIER BEAUTÉ
MON CAHIER DIGITAL DÉTOX
MON CAHIER STOP AU SUCRE
MON CAHIER SANS GLUTEN
MON CAHIER FITNESS
MON CAHIER MINCIR AVEC LA MÉDECINE CHINOISE
MON CAHIER YOGA DÉTOX
MON CAHIER AQUAFITNESS
MON CAHIER BEACH BODY
MON CAHIER GREEN DÉTOX
MON CAHIER BODY TRAINING
MON CAHIER RÉGIME TOUT CRU
MON CAHIER MÉDITATION
MON CAHIER HUILES ESSENTIELLES
MON CAHIER BOXE TRAINING
MON CAHIER MON CHAT & MOI
MON CAHIER RANGEMENT FEEL GOOD
MON CAHIER TRAIL RUNNING
MON CAHIER YOGA MÉDITATION
MON CAHIER SOFT FITNESS
MON CAHIER BODY MINCEUR
MON CAHIER HAIR BEAUTY
MON CAHIER JOLIE PEAU
MON CAHIER FITNESS FOOD
MON CAHIER DANSE PILATES
MON CAHIER HYGGE HAPPY THÉRAPIE
MON CAHIER YOGA SCULPT
MON CAHIER TATOUAGE
MON CAHIER YOGA FLOW
MON CAHIER OBSTACLE TRAINING
MON CAHIER PERFECT TIMING
MON CAHIER SUPER ORGANISÉE
MON CAHIER MON BULLET AGENDA
MON CAHIER BULLET AGENDA
MON CAHIER MINCEUR HEALTHY
MON CAHIER MINCEUR ZÉRO SUCRE
MON CAHIER STOP SMOKING
MON CAHIER AYURVEDA
MON CAHIER VÉLO TRAINING
MON CAHIER DÉFI VOYAGE SOLO
MON CAHIER HIIT
MON CAHIER CRISTAL POWER

MON CAHIER MacadamTraining
MON CAHIER MINCEUR
MON CAHIER MES 100 MODÈLES BULLET AGENDA
MON CAHIER BAIN DE FORÊT
MON CAHIER ATTITUDE BODY POSITIVE
MON CAHIER PILATES INTENSIF
MON CAHIER PILATES BOOTY
MON CAHIER RITUEL POWER
MON CAHIER LUNE
MON CAHIER MASSAGE
MON CAHIER IKIGAI
MON CAHIER OBJECTIF MINCEUR EN 12 SEMAINES
MON CAHIER MARIAGE
MON CAHIER GREEN POWER
MON CAHIER SOPHRO
MON CAHIER OBJECTIF ZÉRO SUCRE EN 12 SEMAINES
MON CAHIER PILATES MINCEUR
MON CAHIER GAINAGE
MON CAHIER ZÉRO DÉCHET
MON CAHIER TAROT
MON CAHIER OBJECTIF BIKINI EN 12 SEMAINES
MON CAHIER FIT & GREEN
MON CAHIER CARDIO-PILATES
MON CAHIER HUILES ESSENTIELLES AU FÉMININ
MON CAHIER GOOD VIBES
MON CAHIER OBJECTIF BUDGET EN 12 SEMAINES
MON CAHIER OBJECTIF TRAINING EN 12 SEMAINES
MON CAHIER OBJECTIF ZÉRO GRAS EN 12 SEMAINES
MON CAHIER FÉMININ SACRÉ
MON CAHIER COCOONING AVEC LES PLANTES
MON CAHIER YOGA FÉMININ
MON CAHIER MES RITUELS YOGA
MON CAHIER OBJECTIF BODY CHALLENGE EN 12 SEMAINES
MON CAHIER BODY SCULPT
MON CAHIER ASTRO
MON CAHIER YOGA DU VENTRE
MON CAHIER KUNDALINI YOGA
MON CAHIER ZÉRO GRAS
MON CAHIER HAPPY FEELINGS
MON CAHIER STRONG YOGA
MON CAHIER 2021
MON CAHIER HIIT YOGA
MON CAHIER INTUITION
MON CAHIER HAPPY AT WORK
MON CAHIER ABDOS SCULPT
MON CAHIER YOGA MINCEUR
MON CAHIER PILATES DÉTOX
MON CAHIER MÉDITATION AVEC LE SON
MON CAHIER GLOW
MON CAHIER CHAMANE
MON CAHIER SEXO
MON AGENDA 2022 MY LIFE IS BEAUTIFUL
MON CAHIER YIN YOGA
MON CAHIER SÉRÉNITÉ
MON CAHIER VENTRE HEUREUX
MON CAHIER CHAKRAS
MON CAHIER POWER ATTITUDE
MON CAHIER 2022
MON CAHIER HYPERSENSIBLE
MON CAHIER YOGA-PILATES
MON CAHIER PLANTES MAGIQUES
MON CAHIER RESPIRATION

LES BEAUTIFUL GIRLS,
C'EST TOUTE UNE COMMUNAUTÉ !
Retrouvez plein de bonus, de conseils feel good,
des recettes, des trainings,
et des actus tendance MADE BY MON CAHIER !

Un lieu rien que pour vous :
http://mylifeisbeautiful.fr/

Une communauté de filles stylées :
VOUS DÉCHIREZ
mylifeisbeautiful.fr mylifeisbeautiful.fr

Direction : Jean-Louis Hocq
Direction éditoriale : Marion Guillemet-Bigeard
Directrice de collection : Juliette Collonge
Édition : Gwladys Greusard
Correction : Sandrine Salvert
Conception et mise en couleur de la couverture : Stéphanie Brepson
Rabats : Sophie Delannoy
Mise en pages : Nord Compo
Fabrication : Laurence Duboscq

© Éditions Solar, 2022, Paris
Tous droits de traduction, d'adaptation et de reproduction par tous procédés, réservés pour tous pays.
ISBN : 978-2-263-17749-1
Code éditeur : L17749
Dépôt légal : avril 2022

Imprimé en France par Clerc
94, rue de la Brasserie, 18200 Saint-Amand-Montrond

Solar, un département d'édi8
92, avenue de France
75013 Paris